LES RETRAITES

OUVRIÈRES

ET

PAYSANNES

✦ ✦ ✦

DISCOURS

et Propositions de loi

DE

M. Henri MICHEL

Député des Bouches-du-Rhône

MARSEILLE

RIE ET LITHOGRAPHIE ANTOINE GED

48, rue Paradis, 48

1906

Les * * * *
Retraites
Ouvrières
et * * * * *
Paysannes

LES RETRAITES

OUVRIÈRES

ET

PAYSANNES

❖ ❖ ❖

DISCOURS

et Propositions de loi

DE

M. Henri MICHEL

Député des Bouches-du-Rhône

MARSEILLE

IMPRIMERIE ET LITHOGRAPHIE ANTOINE GED

48, rue Paradis, 48

1906

CHAMBRE DES DÉPUTÉS

1re séance du mardi 14 novembre 1905

PRÉSIDENCE DE M. ÉDOUARD LOCKROY
Vice-Président

La séance est ouverte à neuf heures.

SUITE DE LA DISCUSSION DES PROPOSITIONS DE LOI RELATIVES AUX CAISSES DE RETRAITES OUVRIÈRES.

M. LE PRÉSIDENT. — L'ordre du jour appelle la suite de la discussion des diverses propositions de loi relative aux caisses de retraites ouvrières et portant création de retraites de vieillesse et d'invalidité.

La parole est à M. Henri Michel.

M. HENRI MICHEL (Bouches-du-Rhône). — Messieurs, quel est le but que se propose le législateur en faisant les retraites ouvrières et paysannes ? C'est d'assurer un minimum d'existence aux vieillards et aux invalides qui ne peuvent plus subvenir eux-mêmes à leurs propres besoins. Il ne s'agit évidemment pas de créer des rentes, ni même de donner une certaine aisance à ces vieillards et à ces infirmes ; il s'agit seulement de leur

assuror le droit à la vie. Rien n'est plus triste en
effet que de voir un vieillard arrivé au soir de la
vie, à l'heure où il ne songe plus qu'à aller dormir
son paisible et dernier sommeil, réduit à la triste
nécessité ou de mourir de faim ou de tendre la
main sur le bord du chemin. (*Très bien ! très
bien ! à gauche.*)

Deux systèmes s'offraient pour arriver à résoudre le problème des retraites : le système de la
liberté et le système de l'obligation. Assurément
le premier eût été préférable, mais nous avons
tous entendu des orateurs nous citer ici des chiffres décisifs et concluants, qui établissent nettement que la prévoyance libre est incapable, par
elle-même, de résoudre le problème de la retraite.
Les sociétés de secours mutuels, malgré les avantages considérables que leur a faits la loi du
1ᵉʳ avril 1898, sont impuissantes à résoudre ce problème dans les conditions exigées par les lois
mêmes de la vie.

L'honorable M. Deschanel a, en effet, montré
— et tous les mutualistes eux-mêmes en convien-
nent — que la pension de retraite telle qu'elle peut
être fournie par les sociétés qui sont les mieux
organisées ne dépasse guère 80 fr. ou 90 fr.

Là ou la prévoyance libre est en défaut, la
prévoyance obligatoire ne réussirait-elle pas ?

C'est ainsi qu'on en est venu insensiblement et

par degrés à examiner le principe de l'obligation. N'a-t-on pas appliqué ce principe déjà en matière d'enseignement ? On a protesté contre l'obligation de l'instruction. On violait, disait-on, la liberté du père de famille. Or, qui proteste encore aujourd'hui, qui méconnaît aujourd'hui les bienfaits de l'instruction, les services rendus par la loi, et qui oserait proposer de revenir en arrière ? L'Etat a donc le droit d'imposer une obligation. Mais quand, à quel moment? Lorsque de cette obligation doit résulter un plus grand bien et pour l'individu et pour la société.

L'ignorance est nuisible à l'individu, mais c'est aussi un fléau social. Il suffit de se rappeler le beau mot de nos pères de 1789, sur « le pain de l'intelligence qu'ils ne séparaient pas du pain du corps ». Mais la misère n'est-elle pas le pire des fléaux ? Est-il plus triste, en effet, de rencontrer un enfant qui ne sait ni lire ni écrire, qu'un vieillard qui meurt de faim et qui implore la charité publique ?

L'Etat a donc le droit d'imposer l'obligation de la prévoyance comme il a imposé l'obligation de l'instruction. Mais à quelles conditions a-t-il ce droit ? A la condition expresse, à mon sens, que cette obligation sera étendue absolument à tous. (*Très bien ! très bien*); sinon on viole le principe d'égalité qui est la base même de notre démocratie, sur lequel repose, pourrait-on dire, l'édifice républicain tout entier. Si vous ne l'appliquez qu'à une catégorie de citoyens, vous ne ferez que des mécontents : mécontents, ceux auxquels vous aurez imposé cette obligation en raison de la contrainte morale à laquelle vous les aurez assujettis ; mécontents ceux auxquels vous ne l'imposerez pas parce que vous les écartez ainsi du bénéfice de la retraite.

Si d'ailleurs votre loi est faite comme je le disais au début pour assurer un minimum d'existence aux veillards et aux infirmes, tous n'ont-ils pas le droit à ce minimum d'existence ?

Mais si tous doivent bénéficier de la retraite, tous doivent contribuer. Ceux-là seuls seront exceptés dont le salaire est incompressible.

On nous a tracé de ces derniers un tableau lamentable, et malheureusement, hélas ! trop vrai. MM. Charles Benoist et Mirman nous en ont parlé en termes très émouvants ; mais ceux-là sont des exceptions, exceptions nombreuses si l'on veut, mais exceptions si l'on envisage au regard de la loi des retraites, l'ensemble de la classe ouvrière et prolétarienne.

A moins d'admettre, en effet, que tout le monde doit prévoir pour l'ouvrier, excepté l'ouvrier lui-même, celui-ci doit apporter aussi sa contribution personnelle à la caisse des retraites. C'est un principe aujourd'hui généralement admis ; il y va de la dignité de l'ouvrier. S'il ne contribue pas, de quelque nom que vous décoriez l'aide que l'Etat, donne au pauvre vieux ou à l'incurable qui n'ont aucune ressource et qui, ne pouvant plus travailler, seraient réduits à tendre la main ; de quelque nom, dis-je, que vous décoriez cette aide, vous ne lui enlèverez ni aux yeux des autres, ni aux yeux du bénéficiaire lui-même, le caractère d'assistance qui a toujours quelque chose d'humiliant et de blessant, telle la charité pour celui qui en est l'objet.

Mais si la retraite a pour but, messieurs, par un minimum d'assistance, le même pour tous — car il ne saurait y avoir deux minimum d'existence — de consacrer le droit supérieur à tous les droits, le droit primordial, le droit à la vie, si tous doivent bénéficier de la retraite le cas échéant, et si tous doivent verser, il saute aux yeux que la cotisation doit être uniforme pour tous et aussi peu élevée que possible pour qu'elle ne soit au-dessus des forces de personne. (*Très bien ! très bien ! à gauche.*)

Tels sont les principes qui me paraissent dominer la matière ; telles sont les conditions en dehors desquelles l'Etat n'a pas le droit, à mon avis, d'imposer l'obligation. Le projet de la commission d'assurance et de prévoyance sociales s'inspire-t-il de ces principes ? Dans quelle mesure s'en rapproche-t-il et en tient-il compte ? Par où s'en éloigne-t-il ?

Et d'abord à qui s'applique ce projet ? Il s'applique aux ouvriers du commerce, de l'industrie et de l'agriculture. Sans doute, les ouvriers du commerce, de l'industrie et de l'agriculture sont très dignes d'intérêt, et il ne viendra à la pensée de personne de blâmer la commission d'assurance et de prévoyance sociales de leur imposer l'obligation de prévoyance, afin qu'ils s'assurent une retraite pour leurs vieux jours.

Mais si c'est, comme je l'ai dit au début, comme nul ne peut le contester, le droit à la vie que l'on a voulu consacrer, en quoi les ouvriers isolés, les ouvriers travaillant à la tâche ou en chambre, les domestiques attachés à la personne, les petits patrons, souvent plus malheureux que les ouvriers eux-mêmes. (*Très bien ! très bien !*), les grands patrons, ruinés par suite de revers de fortune (*Très bien ! très bien !*), en quoi toutes ces catégories de citoyens sont-elles moins dignes de la sollicitude de la France républicaine ? (*Applaudissements.*)

La chose est d'autant plus anormale et injuste que tous ces patrons, petits et grands, auront contribué, pour une part plus ou moins importante, à préparer la retraite de leurs ouvriers, en doublant les prélèvements opérés sur les salaires de ces ouvriers.

Première inégalité, première injustice.

M. AUDIGIER. — Les ouvriers sont frappés eux-mêmes de cette inégalité !

M. HENRI MICHEL (Bouches-du-Rhône). — Je suis de votre avis, mon cher collègue. Au cours de ces vacances, en effet, j'ai eu l'occasion de faire maintes conférences sur cette question, et je dois dire que j'ai trouvé la même unanimité chez les ouvriers que chez les patrons. Cette inégalité, cette injustice ne révoltent pas moins les uns que les autres.

En voici une seconde : vous accordez par votre projet la retraite aux ouvriers du commerce et de l'industrie, ainsi qu'aux ouvriers de l'agriculture. Mais cette retraite qui doit assurer un minimum d'existence, qui doit, je le répète encore, consacrer le droit à la vie — rien de plus — la faites-vous égale pour les uns et pour les autres ? Non ! Vous divisez les ouvriers en deux catégories. Aux uns vous accordez une pension de retraite de 360 fr., aux autres une pension de 240 fr.

« Toi, tu es ouvrier du commerce et de l'industrie. Fort bien. L'Etat t'acordera un minimum de retraite de 360 fr. Toi, tu n'es qu'un ouvrier agricole, minimum 240 fr. »

M. LE RAPPORTEUR. — Permettez-moi de vous

faire observer que lorsque nous disions : « Vous aurez une retraite de 360 fr. ou de 240 fr. », nous voulons dire que nous garantissons ce minimum. Il y a là une différence essentielle.

M. LE LIEUTENANT-COLONEL ROUSSET. — Eh bien, pourquoi le minimum est-il différent ?

M. LE RAPPORTEUR. — Je tenais à remarquer qu'il s'agit d'un minimum et non de la retraite elle-même.

M. HENRI MICHEL (Bouches-du-Rhône). — C'est entendu, monsieur le Rapporteur, c'est bien du minimum garanti de la pension de retraite que vous parlez et que je parle. Ce que je reproche au projet de la commission, c'est précisément cette différence de minimum, de même que je lui reproche, à propos de la majoration de l'Etat, de prévoir, pour les uns, une majoration de 120 fr., pour les autres, une majoration de 100 fr. seulement.

M. LE COMTE LE GONIDEC DE TRAISSAN. — Ce n'est pas l'égalité.

M. DÉRIBÉRÉ-DESGARDES. — Il y a là une différence qui ne s'explique pas.

M. HENRI MICHEL (Bouches-du-Rhône). — L'Etat disais-je donc, tient à peu près ce langage aux travailleurs : « Toi, tu es ouvrier du commerce et de l'industrie, tu auras un minimum de pension de 360 fr.; toi, tu n'es qu'un ouvrier agricole, minimum 240 fr. Cela t'apprendra à mépriser les beautés, les agréments, les charmes, les plaisirs de la ville. Tu avais pu cependant les apprécier grâce au service militaire obligatoire. Tu as mieux aimé retourner à ta charrue et t'en tenir au modeste salaire de l'ouvrier agricole que recevoir le salaire plus rémunérateur de l'ouvrier du commerce et de l'industrie ! Voilà ta récompense ! » (*Applaudissements.*)

Et la raison ?... La raison ! messieurs, je l'examinerai tout à l'heure. Je n'imagine pas que la commission ait voulu par là combattre cet exode que nous déplorons tous des populations des champs vers les villes. Vous n'ignorez pas, en effet, messieurs, que dans l'espace de 50 ans, de 1846 à 1896, plus de 3 millions de travailleurs sont ainsi passés de la campagne dans les villes.

M. DÉRIBÉRÉ-DESGARDES. — C'est là un très grand danger.

M. DUCLAUX-MONTEIL. — Qui ira grandissant.

M. HENRI MICHEL (Bouches-du-Rhône). — Ce que l'élévation du salaire, ce que les attraits de la grande ville n'ont pas fait, la minimité de la retraite le fera peut-être.

Il n'est pas jusqu'à la mère de famille qui ne soit incitée en quelque sorte à quitter sa maison, son ménage, ses enfants peut-être pour aller à l'usine ou à l'atelier, afin de s'y préparer une pension de retraite.

Mais, dit-on, la vie à la campagne est moins coûteuse qu'à la ville. L'ouvrier agricole a sous la main des facilités d'existence que n'a pas l'ouvrier du commerce ou de l'industrie.

L'objection paraît fondée, si l'on envisage l'ouvrier de l'industrie ou du commerce habitant la très grande ville, Paris, Marseille, Lyon, Bordeaux et, en regard, l'ouvrier agricole qui demeure dans un tout petit village, dans un tout petit hameau perdu en quelque sorte dans les montagnes. Mais est-ce ainsi que la question se posera lorsque la loi sera appliquée ? Est-ce ainsi que le législateur doit l'examiner ? Non, il faut considérer l'application de la loi sur tous les points de la France à la fois, dans le plus petit hameau comme dans la plus grande ville.

Alors je demande quelle situation vous allez faire aux divers ouvriers lorsque, dans le même hameau, dans le même petit village vous les traiterez d'une façon si différente. (*Très bien ! très bien! sur divers bancs.*) Voici un ouvrier agricole, et à côté, voici un ouvrier charron, un ouvrier peintre, un ouvrier boulanger, un ouvrier coiffeur. Ces ouvriers ont vécu de la même vie. Enfants, ils ont été élevés sur les bancs de la même école ; plus tard, ils ont, suivant une expression qui est un peu de mon village, et qu'il me plaît de rappeler ici « fait leur jeunesse ensemble ». Vivant

côte à côte, respirant le même air, ayant les mêmes habitudes, ils sont camarades. Leurs exis-
tences se sont développées parallèlement : ils arri-
vent ensemble à l'âge de la retraite. Jusque-là,
l'égalité la plus complète n'a pas cessé de régner
entre eux. A partir de la retraite, c'est-à-dire de
soixante ans, cette égalité cessera. A l'un vous
donnerez 360 fr., à l'autre 240 fr. A l'un vous
bonifierez la pension de retraite de 120 fr., à l'autre de 100 fr. seulement.

M. Duclaux-Monteil. — Ce n'est pas admissible.

M. Henri Michel (Bouches-du-Rhône). — Vous
me dites, mon cher collègue, que ce n'est pas
admissible. Vous avez absolument raison. Il n'est
pas possible, en effet, que dans notre pays de suf-
frage universel, on crée, par une loi, une telle
inégalité, on consomme une telle injustice. (Applaudissements sur divers bancs à gauche, au
centre et à droite).

Ce serait, messieurs, une véritable législation de
classe. Et ne craignez-vous pas de heurter de
front, de froisser, de blesser au vif ce sentiment
d'égalité dont je parlais tout à l'heure et qui est
en quelque sorte l'âme même de la démocratie
française ? (Très bien ! très bien ! sur les mêmes
bancs.) Non, messieurs, le prolétariat rural a
droit, de la part de l'Etat républicain, aux mêmes

égards, à la même sollicitude que le prolétariat urbain.

Trop longtemps, on a essayé de les faire se dresser l'un contre l'autre : ils sont aujourd'hui réconciliés dans un égal amour de la République. Enfants au même titre de la France républicaine, ils ont droit à une égale tendresse.

Eh bien ! est-il sa&3, est-il juste, est-il politique, est-il moral qu'en mère dénaturée, elle accorde aux uns toutes ses caresses, tandis qu'elle n'aurait pour les autres que des rebuffades ? (*Très bien ! très bien ! au centre et à gauche.*)

M. EMILE REY. — Il ne faut pas traiter les agriculteurs en parias. C'est cependant ce qu'on fait toujours.

M. DELORY. — C'est ce qui s'est passé à Longwy. On a vu à Longwy un échantillon de ce que vous appelez des caresses ? (*Bruit sur divers bancs.*)

M. HENRI MICHEL (Bouches-du-Rhône). — Je suis heureux de cette interruption, mon cher collègue. Vous savez combien nous déplorons des faits de ce genre : je voudrais, pour ma part, qu'ils ne puissent jamais se reproduire. Je voudrais, dans tous les cas, qu'on ne vint pas, par une loi, créer une source de division et de haine dans le pays. (*Applaudissements au centre et à gauche.*)

La loi que nous discutons devrait rapprocher tous les citoyens. Prenez garde qu'elle ne devienne si vous consacrez l'inégalité de certaines de ses dispositions, une source de haine qui jaillira partout, jusque dans le plus humble des villages et des hameaux.

M. Delory. — Nous sommes d'accord avec vous, mais ne dites pas que la société a gardé toutes ses caresses pour les ouvriers des villes. Nous réserverions bien pour MM. les patrons les caresses qu'elle nous distribue.

M. Henri Michel (Bouches-du-Rhône). — A cet égard, nous sommes d'accord.

J'aurai, au cours même des observations que j'ai à présenter, l'occasion de montrer qu'en d'autres circonstances les ouvriers du commerce et de l'industrie sont, au contraire, traités par la loi que nous avons en chantier avec beaucoup trop de rigueur et complètement sacrifiés.

En vain, objectera-t-on encore, c'est là le grand argument, que la différence du minimum de la retraite et du minimum de bonification de l'Etat, est la conséquence logique, nécessaire, de la différence des versements, qui résulte elle-même, dit la commission, de la diversité des salaires. Telle, est en effet, l'objection, que je tiens à formuler dans toute sa force. L'ouvrier du commerce et de l'industrie, dira-t-on, subira une retenue de 2 % sur son salaire ; l'ouvrier agricole subira seulement un prélèvement fixe de 2 centimes et demi par jour. N'est-il pas juste que la retraite du premier, soit plus élevée que la retraite du second, et plus élevée aussi la bonification de l'Etat au profit de l'ouvrier du commerce et de l'industrie qu'au profit de l'ouvrier de l'agriculture.

Voyons ce que vaut cet argument. Et d'abord, sur quoi vous fondez-vous pour imposer le pourcentage de 2 % aux ouvriers du commerce et de l'industrie, et une retenue fixe de 2 centimes et demi par jour aux ouvriers agricoles ?

Est-ce la différence des salaires ?

M. LE LIEUTENANT-COLONEL ROUSSET. — Tout est proportionnel.

M. HENRI MICHEL (Bouches-du-Rhône). — Vous voyez que je vais au-devant de l'objection, mon cher collègue. C'est en effet ce que dit l'honorable M. Guieysse dans son rapport si complet — je suis heureux de lui rendre cet hommage — mais en même temps, c'est un regret et non un reproche que j'exprime, car c'était peut-être inévitable dans un sujet aussi complexe — si insuffisant.

Mais alors pourquoi cette anomalie qui n'a pas pu ne pas frapper la commission et qui frappera certainement la Chambre ? Le salaire moyen des femmes dans le commerce et l'industrie est-il supérieur au salaire moyen des ouvriers agricoles ? Qui oserait le soutenir ? Et ici encore je ne fais pas allusion à ces salaires dérisoires, incompressibles, à ces salaires de famine, dont parlaient naguère avec une éloquence si poignante MM. Mirman et Charles Benoist.

Comment traitez-vous cependant ces ouvrières ? Vous leur imposez le pourcentage de 2 % et vous leur accordez la majoration de la pension de retraite jusqu'à concurrence de 360 fr. Le taux de la pension de retraite est donc, dans votre pensée, lié non au salaire, mais au prélèvement que vous opérez sur ce salaire en vue de la retraite. Mais ce prélèvement n'est-il pas précisément le résultat de l'arbitraire le plus pur ? 2 % d'un côté, 2 centimes et demi par jour de l'autre.

Et cependant, je le répète, le salaire des ouvrières du commerce et de l'industrie et le salaire des ouvriers agricoles sont sensiblement les mêmes. Rien n'explique donc ces inégalités de traitement. Ou bien, en effet, ce salaire est suffisant pour justifier le pourcentage de 2 %, et alors je me demande pourquoi vous n'imposez pas le même pourcentage aux ouvriers agricoles, en même temps que vous leur assurerez un minimum de retraite de 360 fr. Ou ce salaire est considéré par vous comme insuffisant pour subir un tel prélèvement, et je ne comprends pas davantage pourquoi vous n'astreignez pas les ouvrières du commerce et de l'industrie à la retenue fixe de 2 centimes et demi seulement, en fixant le minimum de leur pension de retraite à 240 fr. (*Très bien ! très bien !*)

M. LAROCHE-JOUBERT. — Ce raisonnement est irréfutable.

M. HENRI MICHEL (Bouches-du-Rhône). — Il n'est pas possible de sortir de là : aux uns et aux autres aux ouvrières du commerce et de l'industrie et aux ouvriers agricoles vous devez accorder le même minimum de retraite en leur faisant subir le même prélèvement sur le salaire puisque le sa-. laire est le même. La formule serait alors : A égalité de salaire, égalité de prélèvement, égalité de retraite.

Vous ne le faites pas et je serais curieux de savoir par quel argument vous expliquez ou bien le surcroît de charge que vous imposez à l'ouvrière et à l'employée du commerce et de l'industrie, ou bien l'infériorité de la pension de retraite que vous accordez à l'ouvrier agricole.

M. LAROCHE-JOUBERT. — Très bien !

M. HENRI MICHEL (Bouches-du-Rhône). — Est-ce tout ? Non.

A ces injustices résultant d'inexplicables inégalités de traitement, vous en ajoutez d'autres. Pour avoir droit à la majoration de 120 fr de l'Etat, il faudra justifier qu'on a versé pendant trente ans au moins 20 fr. par an. Et si l'on n'a versé que pendant dix, quinze ou vingt ans, on n'aura pas droit à cette majoration ?

Quelle est la situation qui va être ainsi faite aux ouvriers ? Voici, par exemple, un ouvrier qui, à l'âge de trente ou trente-cinq ans, devient patron; pendant les douze ou quinze ans qu'il a travaillé comme ouvrier, il a subi sur son salaire des prélèvements obligatoires, le pourcentage de 2 % ; à partir du moment où il devient patron, il n'est plus astreint à aucune obligation, il devient ce qu'on appelle un «facultatif». Facultatif ! il aura la faculté de continuer à verser. Hélas ! messieurs, je crains bien qu'il n'use guère de cette faculté.

Combien chacun de nous n'avons-nous pas de raisons, médiocres peut-être aux yeux des autres, excellentes à nos propres yeux, de remettre chaque jour à demain l'acte de prévoyance volontaire dont nous sentons cependant la nécessité.

Je me défie de la faculté. Nous nous en défions tous, messieurs. Je n'en veux pour preuve que le prélèvement obligatoire que nous nous sommes imposé à nous-mêmes sur notre indemnité parlementaire en vue précisément de parer aux éventualités de l'avenir.

M. CHARLES BENOIST. — Ce n'est peut-être pas ce que nous avons fait de mieux.

M. HENRI MICHEL (Bouches-du-Rhône). — Vous êtes parmi les heureux de ce monde ; tant mieux pour vous, monsieur Benoist ! Mais n'est-ce pas aussi parce que la plupart d'entre nous, nous nous en défions pour les autres comme pour nous mêmes, que petit à petit, après avoir songé d'abord à résoudre par la liberté le problème de la retraite, nous en sommes venus à substituer au principe de la liberté le principe de l'obligation.

Quelle sera donc la situation de cet ouvrier devenu patron, s'il est ruiné à l'âge de soixante ans, condamné à redevenir ouvrier et si les circonstances — il y en a tant dans la vie — ne lui ont pas permis d'user de la faculté de continuer ses versements ? Il a aussi évidemment la faculté de se préparer une retraite à lui seul ; mais perdra-t-il le bénéfice des prélèvements obligatoires qu'il aura subis sur son salaire pendant les premières années qu'il a travaillé comme ouvrier et ne bénéficiera-t-il, pour ses versements, d'aucune majoration ?

Inversement, supposez un patron qui, à l'âge de quarante ans, à la suite de revers de fortune, est réduit à travailler comme ouvrier. Il n'a pas usé, comme patron de cette faculté de verser que vous lui accordez, mais cependant, à partir du jour qu'il travaillera comme ouvrier, il n'en sera pas moins obligé de subir un prélèvement sur son salaire. Arrive l'âge de soixante ans, il n'a pu verser que pendant vingt ans : vous en exigez trente pour le faire bénéficier de la majoration de l'Etat. Il n'aura pas cette majoration.

Voilà pour l'homme.

La condition que vous faites à la femme est peut être plus désavantageuse encore. A quatorze ou quinze ans, elle commence à travailler à l'usine ou à l'atelier. De ce jour, elle subit sur son salaire un prélèvement obligatoire de 2 %. Q'elle se marie, et votre loi va la condamner, ou bien à délaisser son intérieur — le pourra-t-elle longtemps en admettant même que le mari s'en accommode ? — pour continuer à vivre de la vie de l'usine ou de l'atelier, ou bien à renoncer à tout espoir de retraite sérieuse ; car elle aussi ne pourra aspirer à une pension majorée par l'Etat, que si elle justifie de trente années au moins de prélèvements sur son salaire. Or, elle n'aura le plus souvent, dans ce cas, versé que pendant dix, douze, quinze, vingt ans au maximum. Sans doute il lui reste les versements facultatifs. Mais nous avons vu ce qu'il faut penser de cette prétendue faculté. Le plus souvent, elle équivaudra à l'exclusion sinon totale, du moins partielle, de la retraite, et l'injustice de cette exclusion se doublera, pour elle comme pour l'ouvrier devenu patron et pour le patron devenu ouvrier, de la contrainte morale de verser, à laquelle vous les aurez assujettis pendant un certain nombre d'années, sans récompenser par la majoration, comme pour les autres ouvriers, le sacrifice et l'effort que votre loi leur aura imposés. (*Très bien ! très bien.*)

Ne vous semble-t-il pas, messieurs, que l'on pourrait échapper à ces graves inconvénients — je n'ose pas dire à des injustices aussi criantes — en imposant à tous les citoyens l'obligation de contribuer à la caisse de solidarité nationale, à la caisse de retraite, mais en leur donnant aussi à tous la possibilité, le droit de bénéficier de la retraite s'ils ne possèdent pas ce minimum d'existence que vous avez vous-mêmes reconnu nécessaire, indispensable quand la vieillesse ou les infirmités surviennent ?

Mais voici un cas particulièrement embarrassant et extrêmement fréquent dans les petites villes et dans les villages. Dans une petite ville ou dans un village — j'en connais dans ma circonscription et dans la circonscription de M. Pelletan voisine de la mienne — se trouvent deux ou trois usines. En temps ordinaire, ces usines occupent six ou huit hommes et vingt-cinq ou trente femmes. Mais dans la période de travail intense, elles n'emploient pas moins de vingt à vingt-cinq hommes et de cent à cent vingt femmes. D'où viennent tous ces salariés, hommes et femmes ? Des champs, où ils retournent quand la saison du gros travail industriel est terminé.

Laissons de côté, si vous le voulez bien, le prélèvement à opérer sur leur salaire. On peut comprendre à la rigueur, qu'on les soumette, tour à tour, au pourcentage de 2 % et à la retenue fixe de 2 centimes et demi, suivant qu'ils travaillent à l'usine ou aux champs. Mais quand l'âge de la retraite arrivera, dans quelle catégorie classerez-vous tous ces salariés ? Parmi les ouvriers du commerce ou de l'industrie, ou bien parmi les ouvriers de l'agriculture ? Leur assurerez-vous un minimum de retraite de 360 fr. ou de 240 fr. ? La bonification de l'Etat sera-t-elle pour eux de 120 fr. ou de 100 fr. ? (*Très bien ! très bien !*)

Ainsi je vous fais toucher du doigt l'inconvénient grave qui résulte pour vous de la différence même des prélèvements sur les salaires. Opérez un prélèvement aussi peu élevé que possible, mais uniforme pour tous et lorsque l'ouvrier passera de l'usine aux champs, ou inversement des champs à l'usine, vous ne vous heurterez à aucune des difficultés qui se dressent en ce moment devant vous. (*Applaudissements à gauche et sur divers bancs.*)

Voix nombreuses. A demain !

M. Henri Michel (Bouches-du-Rhône). — Je suis à la disposition de la Chambre.

M. le Président. — J'entends demander le renvoi de la suite de la discussion à demain matin. (*Oui ! oui !*)

Il n'y a pas d'opposition ?...

Le renvoi est ordonné.

SUITE DE LA DISCUSSION DES PROPOSITIONS DE LOI RELATIVES AUX CAISSES DE RETRAITES OUVRIÈRES.

M. LE PRESIDENT. — L'ordre du jour appelle la suite de la discussion des diverses propositions de loi relatives aux caisses de retraites ouvrières et portant création de retraites de vieillesse et d'invalidité.

La Chambre a, dans sa séance d'hier, abordé l'examen du contre-projet de M. Henri Michel.

La parole est à M. Michel pour continuer son discours.

M. HENRI MICHEL (Bouches-du-Rhône). — Messieurs, hier, parlant du but que se propose le législateur par la loi des retraites ouvrières et paysannes, j'ai examiné le principe de l'obligation sur lequel repose la loi. J'ai essayé de définir à quelles conditions l'Etat a le droit d'imposer l'obligation. Puis, j'ai signalé les inégalités et, partant, les injustices du projet de la commission, laissant de côté nombre de personnes qui devraient rentrer dans le cadre de la loi, traitant inégalement les ouvriers du commerce et de l'industrie d'une part, et les ouvriers de l'agriculture de l'autre.

Je ne me suis occupé hier, que de la période normale. Si, de la période normale et constante, nous passons à la période transitoire, les inégalités et les injustices du projet de la commission d'assurance et de prévoyance sociales nous apparaissent non moins fortes et ne blessent pas moins notre conscience et notre raison. Il y a ici une distinction capitale à établir entre les prévoyants facultatifs et les prévoyants obligatoires.

J'indique seulement — j'y reviendrai, en effet, en parlant des sociétés de secours mutuels — que les prévoyants facultatifs ne jouiront d'aucune bonification ou majoration de l'Etat pendant toute la période transitoire.

Quelle sera la situation faite aux prévoyants obligatoires ?

Je mets à part les ouvriers et employés qui, au moment de l'application de la loi, c'est-à-dire au 1er janvier de l'année qui suivra la publication des règlements d'administration publique prévus pour son exécution, auront soixante-cinq ans accomplis, et, s'ils sont d'origine étrangère, seront depuis cinq ans au moins de nationalité française. Ceux-là n'auront rien versé ; ils n'auront par conséquent contribué en rien à la constitution de la caisse des retraites ; le projet de loi de la commission leur accorde une « allocation » viagère annuelle de 50 fr., mais il y met une condition : c'est la justification de trente années de travail.

Ici, je l'avoue, je ne comprends plus. Cette al-

location est-elle, dans votre pensée, la récompense
— insuffisante selon vous, car vous dites que
vous voudriez mieux faire et vous avez raison —
des trente années de travail ? N'est-elle pas plutôt la consécration, dans la mesure où vous le permettent les ressources financières du pays, de ce
droit à la vie que vous avez si hautement pro-
clamé et pour lequel nous faisons notre loi ?

Si oui, en vertu de quel principe écartez-vous
les autres, ceux qui ne peuvent pas justifier de
trente années de travail ? Que ferez-vous de ceux
qui ne pourront pas justifier, par exemple, de
plus de 25, de 20, de 10 années de travail ? Vous
refuserez de les reconnaître et vous les abandon-
nerez à la charité publique ? Non, cela n'est pas
possible ; en réalité ce n'est pas une pension de
retraite que vous accordez ainsi aux vieillards
de 65 ans et plus au moment de la promulgation
de la loi, c'est une aide, un secours, une « allocation » viagère annuelle », selon l'expression dont
vous vous servez vous-même.

Mais alors ce n'est plus la considération du
nombre plus ou moins grand d'années de travail
qui doit vous guider ; c'est, d'une part, l'âge du
vieillard, c'est-à-dire son impuissance à pourvoir
par lui-même à ses moyens d'existence, et, d'autre
part, son état de dénuement et de misère. De quelque point de l'horizon qu'il vienne, à quelque

classe qu'il ait appartenu, qu'il ait travaillé ou qu'il n'ait pas travaillé quand il était en âge de le faire, quels qu'aient été ses défauts, ses vices même, aussi bien que ses qualités, tout cela doit s'effacer à vos yeux : vous ne devez plus avoir présente à l'esprit qu'une seule considération : c'est que vous avez devant vous un homme qui n'a pas demandé à venir en ce monde, qui a été jeté sur les rivages de la vie par un caprice ou par un plaisir de ses parents, un homme qui ne peut plus travailler et qui n'a rien pour se nourrir et vous avez le devoir, en vertu même du principe que vous proclamez, que vous avez inscrit en quelque sorte au frontispice de votre loi de lui appliquer le vers de La Fontaine, s'apitoyant sur une grande infortune, encore peut-être qu'elle fût méritée, et disant du surintendant Fouquet que :

...C'est être innocent que d'être malheureux.

Telle est, messieurs, la situation que vous faites aux vieillards, aux travailleurs, âgés de soixante-cinq ans et plus au moment où la loi recevra sa première application.

Comment traitez-vous les autres, j'entends par là l'innombrable multitude des salariés qui s'échelonnent de trente et un à soixante-cinq ans? Ceux-là sont bien des prévoyants obligatoires. Dès le jour que votre loi sera mise en vigueur, ils se-

ront astreints au versement de 2 p. 100 ou de 2
centimes et demi, suivant qu'ils appartiendront
au commerce ou à l'industrie, ou qu'ils appartiendront à l'agriculture. Vous les distribuez en catégories, d'après leur âge ; vous leur accordez, selon
leur âge, une allocation viagère annuelle, à soixante-quatre, soixante-trois, soixante- deux et soixante et un ans ; car vous abaissez graduellement
jusqu'à soixante et un ans l'âge de jouissance de
l'allocation. Vous augmentez en outre cette allocation de 4 fr. jusqu'à 120 fr. pour les ouvriers
du commerce et de l'industrie ; jusqu'à 100 fr.
pour les ouvriers de l'agriculture, sans doute pour
ne pas perdre l'habitude de l'inégalité. (*Très bien!
très bien ! sur divers bancs.*)

Vous me permettrez, tout d'abord, de remarquer que le mot « allocation » est ici singulièrement impropre. Par leurs versements obligatoires, tous ces salariés apporteront en effet leur contribution personnelle à la caisse des retraites.
Même ceux de l'avant-dernière période, c'est-à-
dire de quarante-sept à cinquante-quatre ans, qui
recevront l'allocation viagère annuelle à l'âge de
soixante-quatre ans, même ceux de l'ultime période, de cinquante-sept à soixante-cinq ans, qui recevront l'allocation viagère annuelle à soixante-
cinq ans, auront subi sur leur salaire un prélèvement de 2 p. 100 ou de 2 centimes et demi avant

d'atteindre l'âge de l'allocation. Est-ce donc bien le mot qu'il leur convient ? Se trouvent-ils dans les mêmes conditions que ceux qui n'ont rien versé du tout ?

Que vous le vouliez ou non, cette allocation ressemble singulièrement à une assistance. Pouvez-vous, avez-vous le droit d'assimiler aux « assistés « ceux que vous avez contraint à contribuer personnellement, pour une part, si minime soit-elle, à la constitution de leur retraite ? Non, messieurs, ceux-là sont des « pensionnés », des « retraités». Là, en effet, est la distinction capitale, la ligne de démarcation. Quiconque a versé doit être considéré comme un pensionné, un retraité.

M. PAUL GUIEYSSE, *rapporteur*. — Nous sommes d'accord.

M. HENRI MICHEL (Bouches-du-Rhône). — J'en suis bien aise. C'est peut-être une discussion de mots.

M. LE RAPPORTEUR. — Uniquement.

M. HENRI MICHEL (Bouches-du-Rhône). — Mais vous conviendrez avec moi que le terme « allocation viagère annuelle » s'applique ici singulièrement mal. Je suis très heureux d'avoir votre adhésion sur ce point.

Quiconque n'a pas versé, de quelque façon que vous revêtiez l'acte d'assistance par lequel vous venez à son aide, est un assisté. Appelez-les tous, si vous voulez, des retraités ou des pensionnés, mais ne laissez pas dire que vous considérez comme des assistés ceux qui ont contribué d'une façon quelconque, je le répète, à la constitution de la retraite dont ils jouiront un jour.

Ce principe est d'une vérité générale, mais combien n'est-il pas plus vrai, si on l'applique aux générations d'hommes beaucoup plus jeunes qui seront dans la période transitoire ! Et pour mettre immédiatement dans tout leur jour l'illogisme et l'iniquité du système de la commission d'assurance et de prévoyance sociales, en ce qui concerne cette période transitoire, j'envisage tout de suite la situation que vous allez faire à l'homme âgé de trente et un ans au moment de l'application de la loi. C'est le dernier qui soit soumis au régime transitoire ; l'homme de trente ans, qui vient après lui, sera soumis au régime normal et constant, et recevra, par conséquent, une pension.

Supposons-nous au premier jour de la mise en vigueur de la loi. Voici un travailleur âgé de trente et un ans ; à soixante et un ans il aura droit à l'allocation viagère annuelle qui s'élèvera à 120 fr. ou à 100 fr. suivant les cas, sans pouvoir dépasser cette somme, mais en même temps que cet ouvrier de trente et un ans arrivera à l'âge de soixante et un ans, celui de trente ans arrivera à l'âge de soixante ans. Or, c'est à soixante ans que ce dernier a droit à sa pension de retraite, car cette fois, ce n'est plus une « allocation ». Nous entrons dans la période normale. Que se passera-t-il cependant ?

Le montant et la durée des versements seront exactement les mêmes pour ces deux travailleurs. Mais l'un aura une allocation de 120 fr. ou de 100 fr. suivant le cas, l'autre une pension de 360 fr. ou de 240. fr., au minimum, dans le même cas. Et le piquant, c'est que c'est précisément celui qui sera le plus mal traité des deux qui aura l'air encore d'être un « assisté », tandis que l'autre bien plus avantagé, sera un « pensionné ».

L'injustice n'est-elle pas évidente ? Elle apparaîtra plus fortement encore si vous voulez bien observer que, si cet ouvrier, âgé de trente et un ans, avait versé à la caisse des retraites pour la vieillesse, qui existe aujourd'hui, les prélèvements sur son salaire, que vous lui imposez par votre loi, et que ces prélèvements eussent été doublés par la contribution patronale, que vous prévoyez, ce même ouvrier, dis-je, aurait retiré du total des sommes ainsi versées chaque année pendant trente ans et capitalisées au taux de cette caisse, une pension de retraite bien supérieure à l'allocation viagère annuelle de 120 ou 100 fr. (*Très bien! très bien ! sur divers bancs.*)

Et cela, bien entendu, sans le concours de l'Etat. De telle sorte que l'Etat n'intervient en ce qui concerne cet ouvrier âgé de trente et un ans lors de la mise en vigueur de la loi — et ici je donne satisfaction à ceux de mes collègues de l'extrême gauche qui, hier, me disaient que je parlais peut-être en termes trop sévères des ouvriers du commerce et de l'industrie qui, précisément ont le plus à souffrir de cette injustice...   ,

M. LAROCHE-JOUBERT. — Très bien !

M. HENRI MICHEL (Bouches-du-Rhône) ...de telle sorte, dis-je, que l'Etat n'intervient, en ce qui concerne cet ouvrier, après lui avoir imposé l'obligation du versement que pour le dépouiller — j'emploie à dessein cette expression — du complément qui sépare son allocation de 120 fr. ou de 100 fr. du montant de la pension qu'il se serait constituée lui-même au prix des mêmes sacrifices sans cette intervention de l'Etat.

C'est là, messieurs, plus qu'une injustice, je n'ose pas dire une monstruosité.

Pour le salarié du commerce et de l'industrie, âgé de trente et un ans, cette spoliation s'élèverait à 25 fr., 145 fr., 246 fr., suivant que le versement de l'ouvrier et du patron réunis serait, et je prends ici les chiffres mêmes de la commission, de 24, de 44 ou de 64 fr.

Pour les travailleurs des générations antérieures, c'est-à-dire âgés de trente-deux, trente-trois, trente-quatre ans, etc., il serait aisé de faire le même calcul et de voir de quelle somme le concours de l'Etat les frustrerait. On arriverait ainsi jusqu'à l'âge de quarante-deux ans où l'équilibre serait rétabli. Mais ne voyez-vous pas, messieurs, ce qu'il y a d'odieux à faire peser ainsi sur les générations de salariés de trente et un ans à quarante-deux ans l'effort dont bénéficieront ensuite les générations de quarante-deux à soixante-cinq ans ?

Pareil système, messieurs, est d'une application impossible. Quelles tempêtes ne soulèverait-il pas ?

Au surplus, il est aisé de parer à ces inconvénients. La charge de la retraite incombe à la nation tout entière. Tous doivent contribuer à la caisse des retraites ; mais tous doivent, le cas échéant, bénéficier de la retraite. Si l'on veut respecter la justice et l'équité, et ne violer le droit de personne, il faut que le taux de cette retraite soit proportionnel aux versements de chacun.

Il me reste à parler du sort qui va être fait aux sociétés de secours mutuels. Ici, je ne me le dissimule pas, ma tâche est particulièrement délicate. Membre élu de la Chambre au conseil supérieur de la mutualité, président d'honneur et membre d'honneur de diverses sociétés de secours mu-

tuels, fervent mutualiste moi-même — j'avoue
hautement ce titre, et j'en suis fier — il m'est pé-
nible de me séparer de la plupart des hommes
éminents aux côtés desquels je siège au conseil
supérieur de la mutualité et d'un grand nombre
de mutualistes qui sont assis sur ces bancs ; mais
plus ma tâche est difficile et délicate,plus j'estime
qu'on doit l'accomplir jusqu'au bout, lorsqu'on
voit des amis à la veille de commettre une de ces
fautes irréparables qui risquent d'entraîner pour
l'institution elle-même les conséquences les plus
désastreuses.

Jamais, à mon sens, les sociétés de secours mutuels n'ont été à une heure plus grave ; jamais elles n'ont couru un danger plus sérieux que celui
que va leur faire courir la loi que nous sommes en
train de discuter. De la solution que vous donnerez, en effet,au problème,qui s'agite devant nous,
dépend pour elles je ne dis pas seulement l'arrêt
de l'extension magnifique dont nous sommes les
témoins aujourd'hui, mais leur existence elle-
même.

Quelle sera donc la situation qui leur sera faite
par la loi en chantier ? Jusqu'ici, messieurs, on
était d'accord pour reconnaître qu'on ne pourrait
pas leur maintenir, si la loi est votée telle qu'elle
est présentée par la commission, les avantages de
la loi du 1er avril 1898, et entre autres, le princi-

pal de ces avantages, celui auquel elles tiennent le plus, la bonification du taux de l'intérêt de l'argent à 4 ½ %, sans laquelle de l'aveu unanime, elles ne pourraient pas vivre.

Les sociétés de secours mutuels, dès le premier jour qu'il a été question de faire les retraites ouvrières et paysannes, se sont, en effet, préoccupées de la situation qui leur serait faite. Bientôt, à l'intérêt est venu s'ajouter l'amour-propre, qui n'est pas toujours un bon conseiller. « Comment, leur a-t-on dit, vous avez résolu, en ce qui vous concerne, le problème de la retraite, et aujourd'hui qu'il s'agit d'étendre la retraite à tous les ouvriers du commerce, de l'industrie et de l'agriculture, on vous laisserait en dehors de la loi ! Quelle déchéance, quelle humiliation pour vous ! Non, vous devez être prises comme les organes, comme les cadres, comme les intermédiaires de la caisse des retraites. »

Mais seraient-elles prises comme organe obligatoire ou comme organe facultatif ? Les premiers congrès mutualistes ont d'abord émis le vœu que les sociétés de secours mutuels fussent prises comme intermédiaires obligatoires ; et le conseil supérieur de la mutualité les a d'abord suivies dans cette voie. Aujourd'hui on s'est arrêté à l'opinion contraire, et l'on demande seulement que les sociétés de secours mutuels soient prises

comme intermédiaires « facultatifs » et non plus
« obligatoires ». C'est le projet de la commission
d'assurance et de prévoyance sociales. Application de cette formule si séduisante dans son caractère antithétique : « Liberté dans l'obligation »,
précisée depuis par cette autre : « Oligation de
l'acte de prévoyance, liberté dans le choix des
moyens. »

Je laisse de côté le point amour-propre que je
rappelais tout à l'heure. J'estime, en effet, que
lorsqu'il s'agit d'une question de vie ou de mort,
l'amour-propre, même s'il est justifié, ne peut
être que déplacé, et j'arrive au point capital du
débat.

Je pose de nouveau cette question, comme je
l'ai posée au moment de la discussion générale,
au mois de juillet dernier, à M. le président de
la commission d'assurance et de prévoyance
sociales, à M. le rapporteur, à M. le ministre du
commerce, à M. le ministre des finances, que je
regrette de ne pas voir à son banc, car la question est assez importante pour qu'il y fût en ce
moment.

M. DELBET. — Il est représenté.

M. HENRI MICHEL (Bouches-du-Rhône). — Il est
représenté, c'est entendu ; mais, malgré toute
l'autorité de M. le secrétaire-général, il nous eût
été agréable en la circonstance d'avoir la réponse

de M. le ministre des finances lui-même, ne serait-ce que parce que M. le secrétaire général a eu déjà en cette qualité à se prononcer tour à tour pour et contre le système. Nous ne saurions pas fâchés, dis-je, d'avoir l'opinion de M. le ministre en personne.

M. MILLERAND, *président de la commission d'assurance et de prévoyance sociales.* — Il n'y a jamais que l'opinion du Gouvernement.

M. HENRI MICHEL (Bouches-du-Rhône). — Je vous remercie, monsieur le président. Dans ce cas, nous serons en présence d'une réponse très précise, et c'est ce que je demande. Je regrette seulement que, lorsque j'ai posé cette question au mois de juillet dernier, alors que M. le secrétaire général était à son banc, en l'absence de M. le ministre des finances, il n'ait pas cru devoir faire, pour M. le ministre des finances, qu'il représentait également, la réponse que je sollicitais.

M. AYNARD. — Il en a été de même lors de la discussion de la loi d'assistance aux vieillards.

M. AUDIGIER. — Il n'y avait pas un seul ministre présent.

M. MAURICE SIBILLE. — On a fourni au Sénat des renseignements qui n'ont pas été donnés à la Chambre au cours de la discussion. Je vois M. le président de la commission d'assurance et de prévoyance sociales me faire un signe d'assentiment.

J'ai donc eu raison, quand on a discuté cette loi, de demander des explications précises qui, malheureusement, ne m'ont pas été fournies.

M. AYNARD. — Il en a été de même en ce qui me concerne.

M. LE PRÉSIDENT DE LA COMMISSION. — Ce n'est pas la faute de la commission, qui avait demandé au Gouvernement tous les renseignements possibles.

M. AYNARD. — La commission n'a que des idées ; elle ne connaît pas les chiffres.

M. EMILE REY. — Les questions financières ne regardent sans doute personne.

M. LASIES. — Quant au Gouvernement, il n'a ni idées ni chiffres. (*On rit.*)

M. LAROCHE-JOUBERT. — L'absence des députés qui ne connaissent rien à ces questions justifie celle des ministres.

M. AUDIGIER. — C'est une question électorale, pas autre chose. (*Bruit.*)

M. HENRI MICHEL (Bouches-du-Rhône). — Je pose, disais-je, cette question très précise : croyez-vous qu'on puisse maintenir aux sociétés de secours mutuels, avec le projet de loi de la commission d'assurance et de prévoyance sociales de la Chambre, les avantages que leur accorde la loi du 1er avril 1898, entre autres la bonification du taux de l'intérêt de l'argent à 4 ½ % ?

M. LE PRÉSIDENT DE LA COMMISSION. — Nous avons déjà répondu.

M. HENRI MICHEL (Bouches-du-Rhône). — Je le sais, monsieur le président, et j'examinerai tout à l'heure votre réponse.

Jusqu'à présent tout le monde convenait de l'impossibilité de cette bonification. Je dis tout le monde, car si l'on ne doit pas apporter à la tribune des conversations particulières, il n'en est pas moins vrai que chacun sait que l'opinion non seulement des ministres, mais des membres de la commission, a été très nettement exprimée là-dessus, en diverses circonstances. Je sais, dans tous les cas, que les plus autorisés des mutualistes eux-mêmes, ceux qui, en toutes circonstances, parlent au nom des sociétés de secours mutuels qu'ils représentent plus particulièrement dans ce pays, considéraient cette bonification comme impossible.

Mais, disaient-ils, on leur accordera une majoration qui est prévue par la loi ; cette majoration suffit à nos sociétés de secours mutuels.

Voyons, messieurs, ce que sera cette majoration. Supposons que nous sommes au lendemain de la loi.

De quelle façon vont être constituées les sociétés de secours mutuels ? Elles comprendront deux catégories de personnes : celles qui en constituent

les cadres actuels, qui ont fait spontanément et
volontairement l'acte de prévoyance, nous les
appellerons, si vous le voulez bien, les prévoyants volontaires ; à côté, nous aurons les
ouvriers du commerce, de l'industrie, de l'agriculture qui, contraints à l'acte de prévoyance que
vous leur aurez imposé, mais libres du choix des
moyens, auront préféré accomplir l'acte de prévoyance par l'intermédiaire des sociétés de
secours mutuels. Ceux-là, si la loi n'avait pas
été votée, ne seraient pas venus aux sociétés de
secours mutuels ; nous les appellerons donc, si
vous le voulez bien, et par opposition aux autres,
les prévoyants obligatoires.

Voilà donc les deux catégories de citoyens et
de citoyennes qui se trouveront dans vos sociétés
de secours mutuels au lendemain de la loi : les
prévoyants volontaires et les prévoyants obligatoires.

Arrive l'âge de la retraite. Quelle situation sera
faite aux uns et aux autres ? La bonification est
supprimée pour tous. A qui la majoration sera-t-
elle accordée ? A ceux évidemment qui sont prévus par la loi et pour qui la loi est faite. Mais
quels sont ceux-là, si ce n'est les ouvriers du commerce, de l'industrie et de l'agriculture — ils ne
figurent à cette heure que dans la proportion de
11 % dans les sociétés de secours mutuels — c'est-
à-dire les prévoyants obligatoires ?

Et les autres, les prévoyants volontaires, ceux qui constituent à l'heure actuelle les cadres de vos sociétés de secours mutuels ? Ceux-là recevront-ils aussi la majoration ? Non, messieurs, la loi n'est pas faite pour eux, elle ne les connaît pas.

Mais alors où est la prétendue compensation qu'on leur accordera en échange de la bonification perdue ? On a beau la chercher, on ne la trouve nulle part. Etrange conséquence, et à coup sûr bien inattendue : les prévoyants forcés bénéficieront de la majoration, les prévoyants volontaires n'en bénéficieront pas ! (*Applaudissements au centre.*)

Voilà, messieurs, la situation que vous allez faire aux sociétés de secours mutuels, aux prévoyants volontaires.

J'entends encore la réponse de l'honorable M. Mirman, lorsque je soulevai cette question à la tribune au mois de juillet dernier : « Cela n'est vrai, me dit-il, que de la période transitoire ! »

M. François Fournier. — Elle est longue !

M. Henri Michel (Bouches-du-Rhône). — Vous avez raison, mon cher collègue, elle est longue.

Soit ! ce n'est vrai que de la période transitoire. Mais ce qu'on oublie de nous dire, c'est que cette période comporte une durée qui n'est pas de moins de trente ans. Eh bien ! je le demande à tout homme de bonne foi, à M. le président et à M. le rapporteur de la commission, à M. le ministre du commerce et à M. le ministre des finances, je le demande enfin à tous les mutualistes, quel sort sera réservé aux sociétés de secours mutuels pendant ces trente années ?

M. LE LIEUTENANT-COLONEL ROUSSET. — Elles mourront toutes !

M. HENRI MICHEL (Bouches-du-Rhône). — Et maintenant j'examine la réponse qui m'a été faite à cette question — car je ne voudrais pas que la Chambre pût croire que je cherche à éluder cette réponse — par l'honorable M. Millerand, président de la commission d'assurance et de prévoyance sociales. Seul, lorsque j'ai posé cette question, au mois de juillet dernier, l'honorable M. Millerand me répondit, après un silence qui avait quelque peu pesé sur la Chambre : « Eh bien, oui ! Nous maintiendrons aux sociétés de secours mutuels la bonification du taux de l'intérêt de l'argent à 4 ½ %. » Je pris immédiatement acte de la déclaration que nous faisait M. le président de la commission d'assurance et de prévoyance sociales de la Chambre...

M. LE PRÉSIDENT DE LA COMMISSION. — Elle est au *Journal officiel*.

M. HENRI MICHEL (Bouches-du-Rhône). — ...et je déclarai que les sociétés de secours mutuels seraient heureuses d'enregistrer cette bonne parole ; mais j'ajoutai immédiatement que, lors-

que viendraient en discussion les articles, je me
réservais de démontrer à M. le président de la
commission d'assurance et de prévoyance sociales
que, malgré toute sa bonne volonté, dont je ne
doute pas une minute, la Chambre sera dans
l'impossibilité absolue de maintenir cette bonification du taux de l'intérêt de l'argent à 4 ½ %.

Il me reste à faire cette démonstration ; je la
ferai très brièvement. (*Parlez ! parlez !*)

Si les sociétés de secours mutuels étaient prises
comme cadres, comme intermédiaires obligatoires
de la caisse des retraites que nous faisons, la
question, je crois, ne se poserait pas. Il me serait,
en effet, facile de réfuter l'opinion de M. le président de la commission d'assurance et de prévoyance sociales. par celle de M. le rapporteur.
Je n'aurais qu'à ouvrir son rapport et à citer
la note actuarielle qu'il y a insérée à la
page 151, note à laquelle il a, du reste, lui-même,
fait allusion dans son exposé des motifs. De cette
note, il résulte que si les sociétés de secours
mutuels étaient prises obligatoirement comme
intermédiaires et comme cadres de la caisse des
retraites, l'Etat aurait à supporter, du fait seul
de la bonification du taux de l'intérêt de l'argent
à 4 ½ %, la somme énorme de 360 millions.

Peut-on envisager cette hypothèse et cette éven-
tualité ? Y a-t-il quelqu'un dans la Chambre qui

puisse demander un pareil sacrifice dans les conditions actuelles de notre budget, surtout si l'on
songe que ce sacrifice viendrait s'ajouter à d'autres ?

Mais, me dit-on, ce n'est pas obligatoirement
que les sociétés de secours mutuels seront prises
comme cadres et comme organes de la caisse des
retraites ; ce n'est que facultativement.

Messieurs, laissez-moi vous dire que, de quelque façon que vous procédiez, que vous preniez
les sociétés de secours mutuels comme intermédiaires facultatifs ou obligatoires de la caisse des
retraites, le résultat sera sensiblement le même.

Voici pourquoi. Si, par votre loi, vous n'accor-
diez aucun avantage particulier à ceux des
ouvriers du commerce, de l'industrie et de l'agriculture qui, comme je le disais tout à l'heure,
contraints à l'acte de prévoyance mais libres du
choix des moyens, seront entrés de préférence
dans les sociétés de secours mutuels pour accomplir cet acte, assurément le danger ne serait pas
très grand ; chacun obéissant à ses inspirations,
à son tempérament, à ses habitudes, entrerait
dans des sociétés de secours mutuels ou verserait
directement à la caisse des retraites. Mais telle
n'est pas la situation. Par l'article 25 de votre loi,
vous accordez aux ouvriers du commerce, de l'industrie et de l'agriculture, des avantages tout par-

ticuliers ; je vous signale entre autres celui-ci vous leur accorderez l'avantage d'affecter seulement la moitié des prélèvements qu'ils subiront sur leurs salaires à la partie retraite, tandis que l'autre moitié du prélèvement pourra être affectée à la partie maladie, chômage, etc.

Puis, quand l'âge de la retraite arrivera, vous calculerez, d'après le projet de la commission, la pension de retraite de la même façon que si le prélèvement sur le salaire avait été affecté tout entier à la pension de retraite. Qu'est-ce à dire, si ce n'est que l'ouvrier, trouvant des avantages tout particuliers à s'affilier aux sociétés de secours mutuels, fera de préférence l'acte de prévoyance par l'intermédiaire des sociétés de secours mutuels ?

Rien de plus juste, rien de plus naturel. Oligés par la loi de faire acte de prévoyance, comment les ouvriers ne chercheraient-ils pas à tirer, de cet acte imposé, le plus grand profit possible ? Qui pourrait leur trouver à redire d'avoir recours à ce calcul ? (*Applaudissements.*)

La liberté produira donc bientôt les mêmes résultats, ou peu s'en faut, que l'obligation ; sous l'extraordinaire affluence de leurs nouveaux adhérents, les cadres de ces sociétés démesurément enflés et élargis craqueront, et l'Etat reculant devant les charges écrasantes qui en résulteraient pour le budget, sera lui-même dans la nécessité

4.

de leur retirer la bonification du taux de l'intérêt de l'argent à 4 ½ %, qui seule leur permet de vivre. L'amour-propre de la mutualité sera peut-être satisfait, mais n'est-ce pas le sort de la grenouille de la fable qui l'attend ? Y a-t-il pour elle un danger plus grand qu'un développement trop rapide et trop considérable ?

On a déjà signalé ici ce danger. L'honorable M. Deschanel y a fait allusion en termes très éloquents. Le conseil supérieur de la mutualité s'en préoccupe aussi. C'est ainsi qu'à son avant-dernière session deux propositions ont été faites et rejetées. L'une consistait à faire passer du paragraphe 2 dans le paragraphe 1er de la loi du 1er avril 1898 les mots « chômage involontaire ». On voulait, en effet, on proposait que le chômage involontaire fût considéré comme un des objectifs principaux des sociétés de secours mutuels, et non plus, classé comme aujourd'hui, parmi les objectifs accessoires.

La deuxième proposition était relative aux sociétés et aux unions de sociétés constituées par les instituteurs pour parer aux graves conséquences qui résultent pour eux de l'article 1384 du Code civil, tant que cet article n'aura pas été réformé, qui engage si lourdement leur responsabilité civile. Ces sociétés et ces unions de sociétés présentent incontestablement le caractère de sociétés de secours mutuels ; elles demandaient à être reconnues pour telles et à être admises, à ce titre, au bénéfice des dispositions de la loi du 1er avril 1898, entre autres de la bonification du taux de l'intérêt de l'argent à 4 ½ %.

Ceux qui présentaient ces propositions au conseil supérieur de la mutualité n'étaient certes pas des révolutionnaires dont le pays pût s'effrayer ; mes collègues de Marseille ne me démentiront pas à coup sûr lorsque j'aurai cité, comme auteur de la proposition relative au chômage involontaire, l'honorable M. Rostand, président des caisses d'épargne des Bouches-du-Rhône. La seconde proposition, celle qui est relative aux instituteurs, était faite par mon éminent ami M. Cavé, auquel rien de ce qui touche à la mutualité scolaire ne fut jamais indifférent. (*Très bien ! très bien !*)

Les deux propositions furent repoussées, comme je le disais tout à l'heure, par le conseil supérieur de la mutualité. Sans doute, on invoqua une foule de raisons, dans le détail desquelles vous me permettrez de ne pas entrer ; mais la raison essentielle, la raison capitale, c'est qu'il ne faut pas souhaiter pour les sociétés de secours mutuels une expansion trop rapide.

Je vous le demande, messieurs, est-ce que les sociétés de secours mutuels ne prendront pas une extension trop rapide lorsqu'elles recevront dans leur sein tous les ouvriers de l'agriculture, du commerce et de l'industrie ? Pourra-t-on à ce moment leur maintenir la bonification du taux de l'argent à 4 $\frac{1}{2}$ % ? Je crois avoir démontré le contraire. (*Applaudissements à gauche et au centre.*)

M. LE PRÉSIDENT. — L'orateur demande une suspension de séance de quelques minutes.

Il n'y a pas d'opposition ? (*Non ! non !*)

La séance est suspendue.

(La séance, suspendue à dix heures un quart, est reprise à onze heures moins vingt minutes.)

M. LE PRÉSIDENT. — La séance est reprise.

La parole est à M. Michel pour continuer son discours.

M. HENRI MICHEL (Bouches-du-Rhône). — Messieurs, après avoir critiqué le projet de la commission d'assurance et de prévoyance sociales, un peu trop longuement peut-être, — et je m'en excuse — (*Non ! non ! — Parlez !*) je dois exposer aussi brièvement que possible les caractéristiques du contre-projet que j'ai eu l'honneur de vous soumettre moi-même. J'ai pris soin, pour faciliter la tâche de mes collègues, dans un sujet aussi complexe et aussi difficile, de dégager d'une façon aussi nette que possible ces caractéristiques dans l'exposé des motifs que j'ai placé en tête de ma proposition de loi, Voici, messieurs, ces caractéristiques. J'en donne lecture d'abord ; j'en ferai le commentaire bref et rapide ensuite :

« 1° Faire bénéficier de la retraite l'universalité des citoyens ;

« 2° Faire supporter la charge de la retraite à la société tout entière ; (*Très bien ! très bien ! sur divers bancs.*)

« 3° Exiger une cotisation uniforme peu élevée pour tous les participants autres que les ouvriers ;

« 4° Rembourser, sous forme de capital, au décès, aux héritiers du sociétaire, une somme supérieure, égale ou inférieure, suivant les cas, aux versements effectués ;

« 5° Exiger de chaque ouvrier ou employé des deux sexes un versement de 5 centimes par journée de travail, avec même obligation pour l'employeur ;

« 6° Ne pas faire appel au concours financier de l'Etat. »

M. AYNARD. — Très bien !

M. HENRI MICHEL (Bouches-du-Rhône). — « 7° Etre d'une application immédiate ;

« 8° Accorder la retraite à soixante ans ou immédiatement en cas d'invalidité ;

« 9° Ne toucher en rien aux sociétés de secours mutuels, dont elle ne gêne ni n'entrave l'essor. » (*Très bien ! très bien ! sur divers bancs.*)

Je ne crois pas avoir besoin de développer les
premières caractéristiques de mon contre-projet ;
elles se rapportent, vous l'avez vu, au principe
même de l'obligation, et j'ai eu l'occasion, en dis-
cutant les conditions dans lesquelles ce principe
pouvait être imposé par l'Etat, de les mettre en
lumière : faire bénéficier tous les citoyens de la
retraite, n'en exclure absolument personne, mais,
si l'on n'en exclut personne, obliger tout le monde
à verser, et faire peser ainsi sur la société tout
entière la charge de la retraite.

J'exige ensuite, de tous, une cotisation uniforme, aussi peu élevée que possible. Cette cotisation est de 30 francs par an pour les patrons,
rentiers, propriétaires, artisans, etc. ; elle est de
5 centimes par journée de travail pour ceux qui
vivent d'un salaire journalier ou mensuel, avec
obligation par le patron d'un versement de
pareille somme.

Remarquez, messieurs, que cette disposition
est encore, par rapport à celle de la commission,
bien plus avantageuse aux patrons et aux salariés, car je considère comme extrêmement lourd,
pour les uns et pour les autres, dans la plupart
des cas, le pourcentage de 2 % pour les patrons,
si l'on songe aux conditions désastreuses de la
concurrence économique qui nous est faite par
les étrangers jusque sur notre propre marché

(*Très bien ! très bien !*) et pour les ouvriers, dont les salaires supporteront difficilement une retenue aussi élevée.

Au surplus, je suis convaincu qu'au regard des avantages qu'il en retirera, l'ouvrier ne cherchera pas à se soustraire à l'obligation de prélever un sou par jour sur son salaire. Le sacrifice demandé au patron n'est pas non plus très élevé et ne saurait être considéré comme étant au-dessus de ses forces. Il représente, bien faiblement peut-être, aux yeux de beaucoup, l'amortissement du capital-travail, dont il devrait être tenu compte dans les bilans de fin d'année, au même titre qu'on tient compte de l'amortissement du capital-argent et du capital-outillage. (*Très bien ! très bien !*)

Mais si je fais obligation aux patrons de verser 30 francs par an, je leur laisse aussi la possibilité si, par suite de revers de fortune, comme je le disais hier, ils viennent eux-mêmes à être réduits à travailler comme ouvriers sur leurs vieux jours, je leur laisse, dis-je, la possibilité et le droit de bénéficier aussi de la pension de retraite. (*Très bien ! très bien ! au centre.*)

A cette somme de 30 francs correspondant, en quelque sorte, à une cotisation personnelle, viendra s'ajouter comme charges patronales le double des prélèvements opérés sur les salaires des ouvriers. Ce prélèvement est basé sur les journées de travail effectif et non pas sur les salaires. Je signale ce point à la Chambre parce que j'aurai l'occasion, en étudiant ma combinaison financière, le bilan de mes recettes et de mes dépenses, de montrer que ces chiffres sont beaucoup moins aléatoires que ceux sur lesquels peut être basé le projet de la commission.

Je rembourse sous forme de capital, au décès, aux héritiers du sociétaire, une somme supérieure, égale ou inférieure, suivant les cas, aux versements effectués.

Le projet de la commission contient, à cet égard, une disposition que je considère comme particulièrement heureuse, mais insuffisante.

L'ouvrier n'entrevoit que dans un lointain nébuleux l'échéance de la retraite. Il subira beaucoup plus volontiers le prélèvement opéré sur son salaire, s'il sait, qu'en cas de mort prématurée, le bénéfice de ses versements ne sera pas perdu pour sa femme et ses enfants. (*Très bien ! très bien !*)

J'écarte ensuite le concours financier de l'Etat, parce que j'estime qu'il faut faire œuvre immédiate et que les travailleurs ne peuvent plus attendre. (*Très bien ! très bien ! à gauche.*) Est-ce que pour cela je laisse entièrement de côté l'Etat ? Non, messieurs, mais je tâche au moins de restreindre, dans la mesure où elles peuvent être restreintes, les charges qui lui incomberont. Je m'efforce surtout de les définir et de les délimiter d'une façon quelque peu précise.

En effet, tandis que le projet de la commission trace une courbe qui part de 34 millions, pour s'élever ensuite jusqu'à 238 la trentième année, et redescendre, au moment de la période normale à 93 millions, chiffre constant, je demande simplement à l'Etat une somme qu'il est facile, chaque année, d'évaluer et qui est voisine de 17 millions. D'où provient cette somme ? Le voici. Je dis à l'Etat : Tu me prends mes enfants à l'âge de vingt ans, pour en faire des soldats ou des marins ; si ces enfants étaient encore dans le commerce, dans l'industrie, dans l'agriculture, ils se prépareraient, par les prélèvements opérés sur leurs salaires, la pension de retraite à laquelle ils auront droit plus tard. Puisque c'est toi qui les emploies, je te traite comme un employeur et un patron et je te demande de payer pour chacun de ces enfants la somme de 30 francs. La charge de l'Etat se trouve ainsi déterminée par le contingent même des soldats et des marins. Je l'évalue à 17 millions par an en compte rond. (*Applaudissements.*)

Voilà l'effort financier à demander au pays.

J'accorde même pendant la période de transi-

tion la retraite à soixante ans, et non à soixante-
cinq, soixante-quatre, soixante-trois, soixante-
deux, soixante et un ans, comme le fait le projet
de la commission. C'est là, messieurs, un avantage qui ne vous échappera pas non plus.

Il en est d'autres que je vous demande la per-
mission de passer aussi brièvement en revue.

Ma proposition ne prévoit pas seulement l'oc-
troi de retraites aux participants obligatoires de
la caisse qui réunissent les conditions imposées,
elle fait, en outre, une part plus grande à ceux
d'entre eux dont les revenus sont inférieurs à
200 francs, puisque leur retraite est majorée de
50 francs. La même pension viagère de 50 francs
est accordée à toute personne, non soumise à
l'obligation du versement, pourvu que son revenu
personnel soit inférieur à 200 francs. C'est ainsi,
je le signale en passant, que dans plus de 700.000
ménages, les époux recevront 100 francs par an,
dès la première année, et que plus de 3.300.000
personnes, âgées de plus de soixante ans, toucheront une retraite ou une pension viagère. Et
remarquez, messieurs, que je n'exige aucun certificat justifiant de trente années ni d'un nombre
quelconque d'années de travail. Je proclame et je
consacre le droit à la vie, rien de plus, rien de
moins.

Enfin, je ne touche en rien aux sociétés de
secours mutuels.

Je crois m'être suffisamment étendu tout à l'heure sur ce point pour n'avoir pas besoin d'y revenir trop longuement. Les sociétés de secours mutuels courent le plus grave danger si on les prend comme intermédiaires facultatifs ou obligatoires de la caisse des retraites ; mieux vaut les laisser complètement à l'écart. En les laissant en dehors de la loi sur les retraites, on leur permettra de se développer librement et l'on pourra aussi leur maintenir tous les avantages de la loi du 1er avril 1898, entre autres la bonification du taux de l'intérêt de l'argent à 4 ½ %. (*Très bien ! très bien ! à gauche et sur divers bancs.*) Car pour qui sont faites les sociétés de secours mutuels ? N'est-ce pas pour ceux qui sont déjà convaincus de l'utilité de la prévoyance, qui ont assez d'énergie pour faire acte de prévoyants, c'est-à-dire pour s'imposer aujourd'hui le sacrifice dont demain sera fait, et qui enfin sont assez bien placés dans la vie pour pouvoir, sans que la privation soit trop grande pour eux, s'imposer ce sacrifice ?

Ceux-là, disons-le hautement, constituent une élite qui, fort heureusement, augmente chaque jour.

Notre caisse de solidarité nationale est faite surtout pour les imprévoyants. Imprévoyants par nature ou par nécessité, il n'importe, c'est de là que peut venir un jour le plus grave danger social.

Prémunissons-nous contre ce danger. Soyons d'abord prévoyants pour les imprévoyants et faisons ensuite leur éducation en prévoyance. Quand ils connaîtront eux-mêmes les bienfaits de cette prévoyance, il est probable qu'ils demanderont spontanément à entrer dans les sociétés de secours mutuels. Ainsi ces sociétés, bien loin d'être enrayées dans leur expansion, prendront un développement considérable qui résultera de cette éducation même. (*Applaudissements.*)

Quant à ceux qui, prévoyants, sont déjà affiliés aux sociétés de secours mutuels, ils contribueront, comme tous les citoyens, à notre caisse de solidarité nationale. Mais leur contribution ne sera pas perdue. La pension de retraite à laquelle cette contribution leur donnera droit servira à arrondir celle qu'ils se seront constituée par leurs versements aux sociétés dont ils font partie (*Très bien ! très bien !*) ; et leurs ayants droit bénéficieront aussi de la disposition relative au remboursement du capital en cas de décès.

Je voudrais maintenant dire quelques mots de la combinaison financière à laquelle j'ai eu recours, afin que nous puissions discuter sur des chiffres. La Chambre jugera ainsi si le contre-projet que je lui soumets est véritablement sérieux.

Et d'abord, comment établissons-nous nos recettes ? Cela revient à demander quel est le nombre des contribuables à la caisse de solidarité nationale.

Ces contribuables seront les patrons et les salariés, c'est-à-dire les ouvriers de toutes catégories. Les patrons, d'après le recensement de 1896, sont au nombre de 6.987.000. Le nombre des salariés est de 11.482.000. Remarquez que je cite ici des chiffres officiels.

Je dois y ajouter les soldats et les marins qui sont au nombre de 555.944 et les rentiers, propriétaires de vingt à soixante ans, qui sont au nombre de 224.000 hommes. Je dis à dessein hommes, bien que les femmes soient cependant appelées à verser. Mais ici comme partout ailleurs, j'ai voulu appliquer le principe absolu dont je me suis inspiré, la règle que je me suis imposée pour tous les calculs auxquels j'ai dû me livrer.

Cette règle consiste, en toute circonstance, pour éviter autant que possible les aléas, à diminuer volontairement le chiffre des recettes et à augmenter au contraire le chiffre des dépenses.

M. DUCLAUX-MONTEIL. — C'est là de la sage prévoyance.

M. HENRI MICHEL (Bouches-du-Rhône). — J'arrive ainsi au total de 19.248.948 contribuables à la caisse de la solidarité nationale. De ce nombre, il convient de déduire les ouvriers, employés des mines, des chemins de fer, des départements et des communes, il y en a 1.155.967.

Je vous prierai, messieurs, de remarquer, à propos précisément des employés des départements et des communes, que je les déduis comme ne versant pas à la caisse de retraites, comme s'ils étaient inscrits déjà, par conséquent, à une caisse quelconque. Or vous n'ignorez pas que, dans beaucoup de départements, tout au moins dans presque toutes les communes, ils ne versent pas à une caisse de retraites. Ce seront donc de nouveaux participants que nous aurons là et qui viendront ainsi grossir le nombre de ceux qui verseront.

Il convient d'ajouter à ce chiffre les invalides du travail, 300.000 ; les chômeurs, 300.000 ; soit au total, 1.755.967, qu'il faudra déduire des 19.248.948 que j'indiquais il y a un instant. Nous arrivons ainsi à un total général de 17.492.981. Mettons en chiffre rond 17 millions.

Voilà le nombre de cotisants que nous aurons à notre caisse de retraites.

Quel sera le nombre de bénéficiaires de la pension viagère de 50 francs ? Quel sera ensuite le nombre des retraités ?

D'après l'annuaire statistique de 1903, le nom-

bre de personnes âgées de plus de soixante ans
est de :

Sexe masculin.................... 2.285.946

Sexe féminin.................... 2.483.207

Total.......... 4.769.153

Au point de vue des conditions sociales, ce
chiffre se décompose ainsi :

Patrons, 1.754.532.

Employés, 55.834.

Ouvriers, 771.887.

Domestiques, 143.324.

Familles, 2.043.756.

Sur ce nombre, combien y en a-t-il qui, d'après
notre contre-projet, recevront la pension viagère
de 50 francs ? En d'autres termes, combien ont
moins de 200 francs de revenu ? Ici, nous sommes dans l'incertitude. Aucune statistique officielle ne fixe la situation de fortune de chacun
des membres de la collectivité française. On con-
naîtra cette situation le jour où l'impôt sur le
revenu sera appliqué intégralement ; on pourra
alors produire des moyennes probantes et procéder à des classements utiles. (*Mouvements divers.*)
En attendant, et pour déterminer la proportion
des personnes dont la situation de fortune est
inférieure à 200, 500 ou 1.000 francs de revenu,
il n'existe pas d'autre moyen que celui qui con-

siste à poser la question aux maires des diverses localités agricoles, industrielles, commerciales, là où, étant donné le petit nombre d'habitants, il est relativement facile de connaître la fortune de chacun.

M. AUDIGIER. — Est-ce aussi facile que vous le croyez ?

M. HENRI MICHEL (Bouches-du-Rhône). — Je dis que ce sera relativement facile. Vous conviendrez du moins que j'ai fait un effort pour connaître la vérité.

Je me suis adressé ensuite à la direction de l'assurance et de la prévoyance sociales, au ministère du commerce, pour essayer de contrôler les résultats que j'avais ainsi obtenus.

Ce contrôle n'a pas pu avoir lieu, et M. le directeur m'a répondu qu'il n'avait été encore dressé aucune statistique qui permit d'établir d'une façon tant soit peu précise le revenu. (*Mouvements divers.*)

Voici, au surplus, messieurs, les résultats de ce questionnaire :

Revenus de 200 francs : pour les localités agricoles, 50 % ; pour les localités commerciales, 55 % ; pour les localités industrielles, 63 % ; moyenne, 59 %.

Revenus de 200 à 500 francs : localités agricoles, 16 % ; localités commerciales, 12 % ; localités industrielles, 8 % ; moyenne, 12 %.

Revenus de 500 à 1.000 francs : localités agricoles, 10 % ; localités commerciales, 10 % ; localités industrielles, 7 % ; moyenne, 9 %.

M. CHARLES BENOIST. — Qu'entendez-vous exactement par localité commerciale, localité agricole, localité industrielle ?

M. HENRI MICHEL (Bouches-du-Rhône). — Assurément il est difficile de préciser ; mais j'entends par là celles où dominent le commerce, l'industrie, l'agriculture. Je reprends mon argumentation.

Au-dessus de 1.000 francs, la proportion est de 24 % dans les localités agricoles, 23 % dans les localités commerciales, 17 % dans les localités industrielles, soit une moyenne de 20 %.

D'où il suit que le nombre de personnes à qui serait servie, dès la promulgation de la loi, une rente viagère de 50 francs, est de 2.861.490, c'est-à-dire 60 % du nombre total.

Le tableau 7 de l'annexe de ma proposition se rapporte aux invalides du travail. 300.000 ouvriers seraient retraités chaque année comme invalides.

Le tableau 13 concerne ce que j'ai appelé tout à l'heure, le « capital au décès ». 94 millions seraient, chaque année, affectés au payement de cette sorte d'assurance.

Enfin, dans le tableau 14, vous trouverez la détermination du nombre des retraites à servir par la caisse de solidarité nationale ; ce nombre est de 2.180.461. Il est obtenu en tenant compte de deux éléments, d'abord de la fortune, du revenu personnel en second lieu — cet élément ne doit pas être négligé dans une loi comme celle-ci — des charges de famille, c'est-à-dire du mérite social de l'individu.

Suivant, en effet, que vous aurez affaire à un célibataire ou à un homme marié, à un homme marié ayant des enfants ou n'ayant pas d'enfants, le prélèvement que vous opérerez sur son salaire sera pour lui plus ou moins lourd et l'effort que vous lui imposerez plus ou moins considérable. Ce que M. Mirman appelait le coefficient de l'effort, la capacité de l'effort, est évidemment moindre chez l'homme marié qui a des enfants que chez le célibataire qui n'a pas à supporter les charges de la famille. (*Très bien ! très bien !*)

Il s'ensuit que la retraite ne sera pas la même pour tout le monde ; les uns l'auront entière, d'autres suivant qu'ils auront un revenu de 500 à 1.000 francs, suivant qu'ils seront mariés ou célibataires et, s'ils sont mariés, suivant qu'ils auront ou n'auront pas d'enfants, subiront une retenue d'un septième, deux septièmes ou trois septièmes sur la retraite. La retraite entière sera ainsi acquise à 1.177.448 personnes ; les six septièmes seront acquis à 719.550 personnes ; les cinq sep-

tièmes à 201.653 personnes ; les quatre septièmes
à 21.804 personnes, soit un total de 2.181.461 bénéficiaires.

Le chiffre de la retraite, dans chacun des cas,
est donné par le tableau 15. On y verra que la
retraite peut atteindre jusqu'à 500 francs. Elle est
proportionnelle aux versements opérés, et cela
me paraît être la logique même. Elle est seulement majorée de 50 francs pour toute personne
qui ne jouit pas, comme je le disais tout à l'heure,
de 200 francs de rentes à l'âge de soixante ans.

Ainsi j'évite la période transitoire ; et avec elle
disparaissent les inconvénients qu'elle présente
et les injustices qu'elle comporte.

Les tableaux suivants visent les dépenses et les
recettes. On y peut lire — je m'excuse de citer
des chiffres — qu'il sera distribué annuellement,
en période constante, 941 millions, se répartis-
sant comme il suit : 543 millions à 2.860.000 personnes sans fortune, 15 millions à 300.000 invalides ; 94 millions pour 94.000 décès, et 689 millions à 2.180.000 retraités. Voilà pour les dépenses.

Vous pourrez voir, au tableau 19, de quelle
façon j'obtiens ces 941 millions.

M. Audigier. — Ce sera toujours 941 millions
d'impôts de plus !

M. Henri Michel (Bouches-du-Rhône). — Non,
mon cher collègue ; je crois l'avoir suffisamment
établi.

Les recettes comprennent, d'une part, les versements des patrons, dont le nombre est exactement établi par les statistiques ; d'autre part, les versements des ouvriers doublés par les patrons. Et ici ma base de calcul est encore solide ; j'insiste sur ce point. Je ne m'appuie pas sur un pourcentage quelconque prélevé sur le salaire des ouvriers, car il n'est pas possible de déterminer d'une façon à peu près exacte la moyenne des salaires, vous le savez fort bien . Je considère seulement le nombre de journées de travail faites chaque année par la population ouvrière dans son ensemble. Les renseignements sur le chômage contenus dans le tome IV du recensement général de 1896 fournissent, sur ce point, de précieuses indications et permettent d'établir ce nombre avec quelque précision.

En résumé, le contre-projet que je vous soumets échappe aux graves reproches que nous avons adressés au projet de la commission. Nous n'écartons personne de la retraite, nous y faisons participer les travailleurs isolés, les ouvriers travaillant en chambre, à la tâche, les ouvriers salariés, les domestiques attachés à la personne, les petits patrons, les grands patrons ruinés eux-mêmes. Nous faisons peser la charge de la retraite sur la société tout entière ; nous tâchons de délimiter d'une façon aussi précise que possible les

charges de l'Etat de façon à rendre immédiatement réalisable le projet qui vous est soumis.
Enfin, nous écartons les sociétés de secours
mutuels, parce que nous considérons qu'il n'y a
pas de plus grave danger, pour ces sociétés, qu'une
extension trop rapide qui se produirait fatalement
si on les prenait pour cadres facultatifs ou obligatoires de la caisse des retraites.

A vous de prononcer sur ce contre projet. On
vous dira peut-être que si vous le prenez en considération c'est l'ajournement indéfini de la loi,
c'est le renvoi à la commission. Cet argument, permettez-moi de vous le dire, ne serait digne ni de
la commission ni de la Chambre .Je comprends
qu'on puisse y avoir recours lorsqu'il s'agit d'une
loi qui peut être promulguée dans l'espace de quelques mois, comme, par exemple, le projet de loi
qui, à l'heure actuelle, est pendant devant le Sénat. Mais quel est celui d'entre nous, quel est le
membre de la commission qui pourrait, qui oserait
soutenir que le projet de loi que nous allons voter,
quel qu'il soit, pourra être appliqué dès le 1er janvier, soit de l'année prochaine, soit même peut-être
de l'année suivante ?

J'entends ne pas employer un mot tant soit peu
déplaisant ; dans tous les cas il ne vise personne
et à ce titre je puis m'en servir : Je ne voudrais
pas que nous fissions du battage électoral. (*Ap-*

plaudissements sur divers bancs. — *Mouvements divers.*)

Eh bien ! pour ne pas faire du battage électoral pour faire œuvre sérieuse, nous avons un devoir strict : adopter une combinaison financière solide, qui nous permette de résoudre enfin le problème de la retraite.

Cette solution est impatiemment attendue par tous les travailleurs. Il n'est pas de question qui leur tienne plus au cœur. Je l'ai dit au début, je le dis à la fin : rien n'est plus triste que de voir au carrefour d'une rue un vieillard qui en est réduit, ou bien à mourir de faim s'il est abandonné, ou bien à implorer la charité publique.

Vous voudrez, messieurs, faire cesser cet état de choses. Vous aurez ainsi fait une œuvre digne à la fois de la France, de la démocratie et de la République. (*Applaudissements.*)

PROPOSITION DE LOI [1]

tendant à créer une **Caisse de solidarité nationale** *en vue de constituer les* **retraites ouvrières et paysannes**

(Renvoyée à la Commission d'assurance et de prévoyance sociales.)

PRÉSENTÉE

PAR MM. HENRI MICHEL (Bouches-du-Rhône), ABEL-BERNARD, ALBERT-LE-ROY, ALBERT-POULAIN, ANDRIEU, ANTOINE GRAS, JUSTIN AUGÉ (Hérault), BABAUD-LACROZE, BAGNOL, BALANDREAU, GABRIEL BARON, BASLY, CHARLES BAUDET (Côtes-du-Nord), BEAUQUIER, BELLIER, BÉNÉZECH, LUCIEN BERTRAND (Drôme), BONY-CISTERNES, BOUHEY-ALLEX, BOURRAT, ANTIDE BOYER, BRAUD, BRUNARD, FERDINAND BUISSON, BUSSIÈRE, BUYAT, CADENAT, CARNAUD, CAMUZET, CARPOT, CASTILLARD, EMILE CÈRE, JUSTIN CHABERT (Rhône), CHAMBIGE, CHAMERLAT, CHANAL, CHANOZ, CHARLES CHABERT (Drôme), CHARONNAT, CHAUSSIER, EMILE CHAUTEMPS (Haute-Savoie), CHAVOIX, CHENAVAZ, CLÉMENT (Martinique), CLOAREC, COULONDRE, DASQUE, DAUZON, HENRI DAVID (Loir-et-Cher), LOUIS DEBAUNE, DEBUSSY, DECKER-DAVID, DELARUE, DELBET, DELÉGLISE, CHARLES DELONCLE

---

[1] Cette proposition a été déposée sur le bureau de la Chambre des Députés le 15 Février 1905.

(Seine), Derveloy, Antoine Desfarges, Gaston Doumergue, Jacques Dufour, Escanyé, Euzière, Ferrero, Gabrielli, Gerville-Réache, Frédéric Godet, Gouzy, Guyot-Dessaigne, Hubert, Hugon, d'Iriart d'Etchepare, Isnard (Finistère), Isoard (Basses-Alpes), Léon Janet, (Doubs), de la Batut, Honoré Leygue (Haute-Garonne), Raymond Leygue (Haute-Garonne), Loque,. Loup, Louis Martin (Var), Mas, Meslier, Messimy, Monfeuillart, Pajot, Petitjean, Pierre Poisson, Puech, Fernand Rabier. Régnier, Ridouard, Roussé, Sabaterie, de Saint-Pol, Albert Sarraut, Saumande, Sauzède, Charles Schneider, (Haut-Rhin), Simonet, Simyan, Steeg, Tavé, Tenting, Théron, Tiphaine, Torchut, Ursleur, Vacherie, Vialis, Zévaès.

Députés

EXPOSÉ DES MOTIFS

Messieurs,

L'urgence et la nécessité de faire les retraites ouvrières et paysannes ne sont plus à démontrer. Tout a été dit, à ce double point de vue, sur cette question, que la démocratie a tant à cœur de voir aboutir. Insister sur le principe serait donc plus que superflu. La société est intéressée autant que l'indivdu à la réalisation de cette réforme. Ce n'est pas seulement, en effet, une œuvre de justice, c'est aussi et peut-être plus encore une œuvre de préservation sociale. On aura fait beaucoup pour l'apaisement social le jour qu'on aura assuré aux vieillards et aux infirmes le morceau de pain auquel a droit tout être humain, par cela seul qu'il vît et qu'il n'a pas sollicité la joie ou la douleur de venir en ce monde. On n'évitera les cataclysmes des révolutions violentes et parfois stériles, dont les ouvriers de la campagne comme de la ville font le plus souvent les frais, qu'en préparant et amenant, par une évolution méthodique et continue, la démocratie, à cette société faite de plus de justice et d'amour, de moins de souffrances et de misères, que tous les cœurs généreux appellent de leurs vœux.

Malheureusement, si le principe ne rencontre plus aucune opposition, l'œuvre à réaliser est singulièrement difficile et complexe. Ceux-là seuls ne s'en rendent pas compte qui n'ont jamais voulu se donner la peine d'y réfléchir. Nombreuses sont les difficultés auxquelles on se heurte. Ce ne sont pas des millions, ce sont des centaines de millions qu'impose l'impérieuse nécessité d'empêcher vieillards et infirmes de mourir de faim et de tendre la main. Aucune autre considération n'a arrêté jusqu'ici le législateur et le Gouvernement. L'effort financier à faire n'est-il pas au-dessus de nos ressources budgétaires ? Beaucoup le croient, et M. le Ministre des Finances ne voit pas, sans quelque appréhension, approcher le jour où il devra dire à la Chambre et au pays où il prendra les sommes nécesaires à la réalisation de cette grande réforme.

Cependant, il faut aboutir ; tout le monde le sent et le proclame. Mais il faut aboutir dans des conditions qui ne heurtent pas le sentiment égalitaire qui devient de plus en plus comme l'âme de notre démocratie. Donner une retraite aux ouvriers du commerce et de l'industrie, c'est bien. La refuser ou la faire attendre — jusqu'à quelle date ? personne ne saurait le dire — aux ouvriers agricoles, serait criminel et impie. Est-il admissible qu'on fasse de la France une mère injuste et partiale, qui n'aurait que des caresses pour une catégorie de ses enfants et que des rebuffades pour les autres ? Ne sont-ils pas tous également dignes de sa sollicitude et de sa tendresse maternelles ? Et les ouvriers travaillant en chambre, et les domestiques, et les petits patrons, et les grands patrons ruinés, sont-ils moins dignes d'intérêt, et serait-il équitable de les exclure de la retraite ?

D'autre part, les charges qui pèsent sur le commerce et l'industrie sont déjà suffisamment lourdes pour qu'on ne les aggrave pas outre mesure. Les commerçants et les industriels étrangers ne nous font-ils pas, en effet, jusque sur notre propre marché, une redoutable concurrence ? Enfin, le salaire de nos ouvriers agricoles, commerciaux, industriels, est-il tellement élevé qu'on puisse leur demander un sacrifice considérable, pour bénéficier de la retraite ? N'importe-t-il pas, au contraire, de réduire à son minimum strict le prélèvement à exercer sur ce salaire qu'on a quelquefois, et peut-être avec trop de raison, appelé un salaire de famine ?

Ce sont toutes ces considérations qui nous ont amené, après tant d'autres, à élaborer une proposition de loi. Elle vise moins à constituer à proprement parler une Caisse de retraites ouvrières et paysannes, qu'une Caisse de solidarité nationale.

Sans m'arrêter aux critiques adressées aux projets antérieurs — celui-ci n'y échappera pas plus que les autres — j'ai tâché, dans la longue et patiente élaboration de ce travail, de tenir compte des desiderata formulés par les Associations professionnelles ouvrières ou patronales, par les Chambres de commerce, par tous ceux enfin que le législateur a cru devoir consulter, parce qu'il les a considérés comme plus particulièrement désignés, par leur caractère ou leur fonctions, pour faire entendre, en la matière, leur voix compétente et autorisée. (1).

J'apporte ma modeste pierre au monument à élever. Quelle que soit la destinée de cette proposition, elle m'aura valu du moins la bien douce satisfaction de vivre de longs jours avec ces déshérités de la vie qu'on aime d'autant plus qu'on les connaît mieux (2).

En voici les caractéristiques :

1° Faire bénéficier de la retraite l'universalité des citoyens ;

2° Faire supporter la charge de la retraite à la société tout entière ;

3° Exiger une cotisation uniforme peu élevée, pour tous les participants autres que les ouvriers;

4° Rembourser ,sous forme de capital au décès, aux héritiers du sociétaire, une somme supérieure, égale ou inférieure, suivant le cas, aux versements effectués ;

5° Exiger de chaque ouvrier ou employé des

(1) Le 2 juillet 1901, la Chambre votait la résolution suivante : « Le Gouvernement est invité à consulter les Associations professionnelles patronales et ouvrières et les Chambres de commerce, sur le projet de loi relatif aux retraites ouvrières. »

(2) Avant d'aller plus loin, il me plaît de rendre hommage à mon excellent ami M. Payen, industriel à Salon, dont le remarquable travail sur les retraites ouvrières, présenté à Lyon, lors du Congrès radical et radical-socialiste, m'a été d'un précieux concours.

deux sexes un versement de 0 fr. 05 par journée de travail, avec même obligation pour l'employeur ;

6° Ne pas faire appel au concours financier de l'Etat ;

7° Etre d'une application immédiate ;

8° Accorder la retraite à 60 ans ou immédiatement en cas d'invalidité ;

9° Ne toucher en rien aux sociétés de secours mutuels dont elle ne gêne ni n'entrave l'essor.

a) *Le bénéfice de la retraite doit être étendu à l'universalité des citoyens.*

A notre sens, l'œuvre à créer doit avoir pour but d'assurer un minimum d'existence (1) à tous les citoyens français qui sont sans ressources appréciables (2) au moment de la vieillesse ou de l'invalidité. Tel qui est riche aujourd'hui sera pauvre demain. Tel patron qui, pendant de longues années, s'est trouvé à la tête d'une exploitation et, à ce titre, a supporté toutes les charges patronales, peut, à son tour, sur ses vieux jours, se trouver réduit à la nécessité de travailler comme un ouvrier. On pourrait multiplier les exem-

(1) Le minimum d'existence nous paraît devoir être fixé à 1 franc par jour, soit 365 francs par an.

(2) Nous considérons comme étant sans ressources appréciables toutes les personnes ayant un revenu inférieur à 500 francs.

ples. Le bénéfice de la retraite doit dès lors s'étendre à tous, sans distinction de classes. Il ne serait pas admissible qu'on créât un privilège en faveur d'une catégorie de citoyens. On doit, par une application naturelle et légitime du principe égalitaire, qui est le fondement du régime démocratique et· républicain, secourir, au déclin de la vie, tous les déhérités, quels qu'aient été, dans le passé, leur situation de fortune ou de famille et le rang qu'ils ont occupé dans la société. Ce n'est qu'en faisant une œuvre large que nous ferons une œuvre juste. Et cela d'autant plus que nous demandons à la société tout entière de participer à la formation de la Caisse des retraites ouvrières et paysannes, ou plus exactement de la Caisse de solidarité nationale.

b) *La société tout entière doit supporter la charge de la retraite.*

— Mais, dira-t-on, en procédant ainsi vous vous substituez à la prévoyance individuelle, vous annihilez l'initiative privée. On ne se préoccupera plus de l'avenir, puisque l'Etat, en quelque sorte, par l'obligation de prévoyance qu'il impose, en prend lui-même la charge. — Il y a une part de vérité dans cette observation. Nous ne nions pas qu'il fût préférable de laisser à chacun le soin de songer au lendemain. Mais l'expérience ne démontre-t-elle pas qu'il serait osé d'affirmer que l'homme est prévoyant par nature ?

Tous songent-ils à ce lendemain ? Hélas ! non. Par tempérament ou par nécessité, beaucoup vivent au jour le jour, inaptes, inhabiles ou impuissants à faire acte de prévoyance.

La prévoyance est le résultat de l'éducation. Même ceux qui comprennent l'utilité, l'importance, la nécessité de la prévoyance ne peuvent pas toujours être prévoyants.

Les charges de famille, les maladies, les chômages rendent parfois toute économie impossible et déroutent ainsi les meilleures volontés.

Au surplus, nous l'avons dit, la société n'est pas moins intéressée que l'individu au succès de cette Caisse de retraites, pour assurer sa propre tranquilité. L'obligation pour elle de participer à l'œuvre de prévoyance ne saurait donc être contestée.

c) *La cotisation doit être uniforme et peu élevée.*

La participation une fois admise, la question se pose de savoir si la cotisation sera uniforme pour tous ou proportionnelle aux ressources de chacun.

Ici, je le reconnais, le problème devient ardu, et quelle que soit la solution qu'on envisage, on s'expose à trouver devant soi des contradicteurs.

Avec la cotisation uniforme, on place sur le pied d'égalité des personnes de situation de fortune extrêmement différente, par exemple, le petit rentier et le riche capitaliste.

On demande à l'un et à l'autre un effort identique, effort insignifiant pour l'un, considérable pour l'autre.

L'impôt progressif et global sur le revenu permettrait évidemment de répartir, d'une façon plus équitable, en cette matière comme en toute autre, d'ailleurs, les charges qui doivent incomber à chacun ; mais nous ne savons, à l'heure actuelle, ni à quel moment, ni dans quelles conditions sera accomplie cette réforme essentielle de l'assiette de l'impôt. Et cependant on ne saurait, sans les plus graves inconvénients, j'allais dire dangers, retarder encore les retraites ouvrières et paysannes.

La promesse faite doit être enfin tenue. Prenons donc les moyens qui sont, dès à présent, à notre disposition et à notre portée. Nous verrons plus tard de les modifier pour les mettre en harmonie avec un régime fiscal plus juste et plus équitable.

Au surplus, la question n'offre pas pour tous un intérêt égal.

A l'heure actuelle, les 80 % de la population ont un revenu inférieur à 1.000 francs. Or, notre pro-

jet s'applique à tous ceux qui ont un revenu inférieur à ce chiffre. Il s'en suit que, pour ceux-là au
moins, il n'y a aucun inconvénient à ce que les
charges soient égales, les avantages étant sensiblement égaux.

d) *Le capital au décès constitue un secours pour
les uns, une sorte de remboursement pour les
autres.*

Les autres 20 % ont un revenu supérieur à 1.000
francs. Ici, il est vrai, plus de bénéficiaires directs
à la Caisse de solidarité nationale. Toutefois, la
participation pécuniaire de cette partie aisée de
la population à notre Caisse de retraites, ne revêt
pas le caractère d'une charge fiscale pure. Il y a,
pour ainsi dire, la contre partie à cette participation, dans le versement aux héritiers, sous certaines conditions définies par la loi, d'un capital
au moment du décès du sociétaire, *à quelque catégorie qu'il appartienne.*

De la sorte, si tout le monde verse, personne
n'est exclu des bénéfices, à des titres divers, de
la Caisse de solidarité nationale.

Le capital au décès offrira, de plus, cet avantage
appréciable d'inciter les sociétaires ou leurs familles à effectuer régulièrement les versements à
la Caisse, le capital intégral n'étant acquis aux hé-

ritiers que si le sociétaire s'est entièrement libéré de toutes ses obligations.

Cette sorte d'assurance sur la vie sera goûtée des travailleurs qui n'entrevoient pas, pour la plupart, le moment où ils pourront bénéficier eux-mêmes de la retraite, mais qui seront rassurés sur le sort de leurs familles, ayant la certitude qu'après leur propre disparition leur veuve et leurs enfants seront à l'abri du besoin.

e) Il est demandé seulement aux travailleurs un versement de 0 fr. 05 par journée de travail

Mais si la cotisation doit être uniforme, elle doit être peu élevée ; aussi l'avons-nous fixée à 30 francs par an pour toutes les catégories de personnes qui vivent de leurs revenus propres ou des ressources d'une exploitation ou d'une entreprise quelconque : rentiers, propriétaires, patrons, commerçants, artisans, patentés, ou encore appartenant à des professions libérales, etc...

Par contre, ceux qui vivent d'un salaire journalier ou mensuel auront à verser seulement 0 fr. 05 par journée de travail, avec obligation pour le patron d'un versement de pareille somme. A moins d'admettre, en effet, que tout le monde doit prévoir pour l'ouvrier, excepté l'ouvrier lui-même, le prélèvement sur le salaire de ce dernier ne saurait être plus faible.

Or, le principe de la contribution personnelle de l'ouvrier est aujourd'hui généralement admis. C'est pour lui une question de dignité. J'ajoute que cette obligation aura pour effet certain de faire naître chez lui, de développer ensuite, le sentiment et le désir de l'économie et de l'épargne, c'est-à-dire de faire son éducation en matière de prévoyance.

Au surplus, je suis convaincu qu'au regard des avantages qu'il en retirera, l'ouvrier ne cherchera pas à se soustraire à cette obligation. I sacrifice demandé au patron n'est pas, non plus, très élevé, et ne saurait être considéré comme étant au-dessus de ses forces. Il représente, bien faiblement peut-être aux yeux de beaucoup, l'amortissement du capital-travail, dont il devrait être tenu compte dans les bilans de fin d'année, au même titre qu'on tient compte déjà de l'amortissement du capital-argent et du capital-outillage.

f) *Il n'est pas fait appel au concours financier de l'Etat*

Grâce à ces combinaisons — dont le détail est donné aux annexes — la Caisse se suffit à elle-même.

L'intervention de l'Etat n'est demandée que pour bonifier la différence d'intérêt dans le cas où les sommes placées pour le compte de la

Caisse ne produiraient pas un revenu de 3 % (1).
L'Etat n'a, en réalité, d'autres obligations que celles qui lui incombent comme employeur pour les
soldats et les marins.

Ainsi réduite à ses seules ressources, la Caisse
ne peut, certes, pas allouer, dès le début, aux
déshérités de la fortune, une retraite suffisante
pour leur donner tout le bien-être que nous vou-
drions. Une telle œuvre ne s'accomplit pas en un
jour, mais elle apportera du moins à leur état de
misère une amélioration réelle, sensible et appréciable.

---

(1) Nous n'ignorons pas que cette obligation peut
avoir des conséquences pour l'Etat. C'est exact.
L'Etat trouvera et trouve encore de l'argent à moins
de 3 %. S'il est forcé de faire le 3 % à la Caisse, il
en résultera pour lui une charge.

Il ne faut cependant pas perdre de vue que le taux
de l'intérêt a mis cent ans pour tomber de 5 % à
3 %. Or, la période constante de notre Caisse de solidarité nationale sera atteinte au bout de cinquante-
quatre ans. D'autre part, s'il est vrai que la baisse
de ce taux tend théoriquement vers zéro, il n'est pas
moins vrai — et c'est un point admis par tous les
économistes — qu'en fait, non-seulement cette limite
extrême ne sera jamais atteinte, mais encore que le
taux ne descendra jamais au dessous d'une limite
minima, qu'on ne saurait déterminer sans doute
d'une façon exacte et précise, mais qui peut être éva-
luée à 1 ½, voire à 2 %. Au dessous de cette limite,
les capitalistes préfèreraient, ce n'est pas douteux,
retirer leurs fonds à l'Etat et les faire travailler dans
le commerce, l'industrie, l'agriculture .

g) *La retraite est immédiate*

En effet, dès la promulgation de la loi, il sera servi à 2.860.000 personnes (hommes et femmes) âgées de plus de 60 ans, et ayant un revenu inférieur à 200 francs, une pension viagère de 50 francs. Ainsi, dans plus de 600.000 ménages, les époux toucheront 100 francs par an, dès la première année (1).

C'est assurément peu et nous aurions désiré mieux faire.

Mieux vaut cependant assurer à nos vieillards une aide modeste, sans doute, mais immédiate, que leur promettre une assistance plus large qui ne viendra peut-être jamais.

h) *La retraite est accordée à soixante ans*

Au surplus, c'est à soixante et non à soixante-cinq ans que nous donnons cette retraite, regrettant même de ne pouvoir abaisser à cinquante-cinq ans la limite d'âge.

Mais nous faisons également une part très large à l'invalidité, car la pension viagère de 50 francs est acquise, au lendemain du vote de la loi, à tous les invalides du travail dont nous fixons le nombre à 300.000 (2).

-----

(1) Les détails de la combinaison financière figurent aux annexes.

(2) 312.000 au régime permanent d'après le projet Guleysse.

i) *On ne touche pas aux Sociétés de secours mutuels.*

On a remarqué sans doute que nous n'avons rien dit jusqu'ici, des *Sociétés de secours mutuels.* Ce silence est voulu. Mais nous avons à cœur de les tranquilliser. Fervent mutualiste nous-même, nous aurions certainement hésité à formuler notre proposition de loi si, dans notre pensée, elle pouvait contribuer, même d'une façon indirecte, à arrêter, voire à paralyser, le merveilleux essor qu'a pris en France la mutualité en ces dernières années.

Mais, pour qui sont faites les Sociétés de secours mutuels ? N'est-ce pas pour ceux qui sont déjà convaincus de l'utilité de la prévoyance, qui ont assez d'énergie, pour faire acte de prévoyants, c'est-à-dire pour s'imposer aujourd'hui le sacrifice dont demain sera fait, et qui enfin sont assez bien placés dans la vie pour pouvoir, sans que la privation soit trop grande pour eux, s'imposer ce sacrifice. Ceux-là, disons-le bien hautement, constituent une élite qui, fort heureusement, augmente tous les jours.

Notre Caisse de solidarité nationale est faite surtout pour les imprévoyants. Imprévoyants par nature ou par nécesité : il n'importe. C'est de là que peut venir un jour le plus grand danger so-

cial. Prémunissons-nous contre ce danger. Soyons
d'abord prévoyants pour les imprévoyants et faisons ensuite leur éducation en prévoyance. Quand
ils connaîtront eux-mêmes les bienfaits de cette
prévoyance, il est probable qu'ils demanderont
spontanément à entrer dans les Sociétés de secours mutuels. Ainsi, ces Sociétés, bien loin d'être
enrayées ou arrêtées dans leur expansion, prendront un développement considérable qui résultera de cette éducation même.

Quant à ceux qui, prévoyants, sont déjà affiliés à des Sociétés de secours mutuels, ils contribueront, comme tous les citoyens, à notre Caisse
de solidarité nationale. Mais leur contribution ne
sera pas perdue. La pension de retraite à laquelle
cette contribution leur donnera droit, servira à
arrondir celle qu'ils se seront constituée par leurs
versements aux Sociétés dont ils font partie. Et
leurs ayants droit bénéficieront aussi de la disposition relative au remboursement du capital en
cas de décès.

Si les sociétés de secours mutuels veulent con-
server les avantages de la loi du 1ᵉʳ avril 1898,
il n'est pas possible de les faire servir d'organes
et de cadres à la Caisse des retraites ouvrières et
paysannes, telle qu'elle doit être conçue si l'on
veut faire une œuvre juste et équitable.

Contrairement à ce qu'on a dit et écrit jusqu'ici,

nous n'hésitons pas à déclarer, après examen approfondi du problème, que le plus grave danger qu'on puisse faire courir à ces sociétés est précisément de vouloir faire avec elles et par elles les retraites ouvrières et paysannes. Le nombre des membres qu'elles auraient à recevoir dans leurs cadres démesurément enflés et élargis serait bientôt tellement considérable qu'il ne serait plus possible à l'Etat de leur accorder les avantages qu'il leur a octroyés par la loi du 1er avril 1898.

La bonification seule du taux de l'intérêt de l'argent à 4 ½ % ne tarderait pas à être pour lui une charge au-dessus de ses forces.

Les sociétés de secours mutuels ont, au contraire, le plus grand intérêt à ce que les retraites ouvrières et paysannes soient faites en dehors d'elles. A cette condition seule, elles pourront continuer à bénéficier des avantages par lesquels le législateur de 1898 a voulu, à juste titre et à bon droit, récompenser leur initiative et les efforts on ne peut plus louables de leurs membres pour se ménager un peu d'aisance dans leurs vieux jours. Tout ce que nous devons demander pour elles, tout ce qu'il est raisonnable qu'elles demandent elles-mêmes, c'est que, quel que soit le système qui prévaudra devant le Parlement pour la constitution des retraites ouvrières et paysannes, la loi nouvelle ne touche en rien à ces avantages. C'est de cette préoccupation constante que s'est inspirée notre proposition.

PROPOSITION DE LOI

Article Premier

Il est créé entre les citoyens français des deux sexes et dans les conditions indiquées à l'article 3, une Caisse de solidarité nationale qui a pour but :

1° De servir une pension viagère de 50 francs à toute personne âgée de 60 ans et au-dessus ayant un revenu inférieur à 200 francs ;

2° De servir une pension viagère de 50 francs, augmentée s'il y a lieu des intérêts composés au taux de 3.50 % (Tarif C. R.) des versements déjà effectués, à tout travailleur n'ayant pu bénéficier des dispositions de la loi du 9 avril 1898, atteint d'invalidité permanente constatée dans la forme prescrite par les articles 14 et suivants, âgé de moins de 60 ans, dont le revenu est nul ou inférieur à 200 francs ;

3° D'assurer à toutes les générations ayant participé à la formation de la Caisse de solidarité nationale, indépendamment de la pension annuelle de 50 francs accordée de droit à toute personne ayant moins de 200 francs de revenus, une retraite à 60 ans qui devra être calculée au taux de 3.50 C. R., d'après les versements effectués et sur les bases suivantes :

a) Les mariés ayant un revenu inférieur à 500 francs ne subiront aucune retenue sur la retraite ainsi établie ;

b) Les mariés ayant un revenu supérieur à 500 francs et jusqu'à 1.000 francs subiront une retenue de un septième ; (1)

c) Les veufs et les veuves ayant un revenu supérieur à 500 et jusqu'à 1.000 francs ; les célibataires ayant un revenu inférieur à 500 francs subiront une retenue de deux septièmes ;

d) Les célibataires ayant un revenu supérieur à 500 francs et jusqu'à 1.000 francs subiront une retenue de trois septièmes.

Dans aucun cas, le revenu personnel du sociétaire, augmenté de la retraite ainsi calculée, ne devra dépasser 1.000 francs ;

4° D'assurer, en cas de décès du père avant l'âge de soixante ans révolus et au profit de la mère et de chacun des enfants âgés de moins de seize ans au moment du décès du père, un capital fixé comme il suit :

500 francs pour les revenus familiaux inférieurs à				200 francs.
400 —	—	—	—	500 —
300 —	—	—	—	1.000 —
200 —	—	—	supérieurs à 1.000	—

---

(1) On a choisi le septième parce qu'il correspond sensiblement à 50 francs.

ART. 2

Est considéré comme revenu toute ressource dont dispose la personne au moment où elle réclame l'établissement de sa pension viagère ou le payement du capital en cas de décès, que cette ressource provienne de rentes ou d'une pension quelconque.

ART. 3

La Caisse de solidarité nationale sera alimentée :

1° Par un versement annuel obligatoire et personnel de 30 francs de tous les employeurs, patrons, patentés, propriétaires, rentiers de tout âge et de toutes conditions ;

2° Par une retenue obligatoire de 0 fr. 05 par journée de travail accomplie sur le salaire de tous les ouvriers et journaliers des deux sexes quel que soit leur âge, même s'ils sont pourvus d'une pension de la Caisse, avec versement de pareille somme à la charge de l'employeur ;

3° Par une retenue obligatoire de 1 fr. 25 par mois sur le salaire de tous les employés, commis, surveillants, serviteurs travaillant au mois ou à l'année avec versement de pareille somme à la charge de l'employeur ;

4° Par un prélèvement obligatoire de 3 % sur le montant du travail accompli par les ouvriers des deux sexes travaillant à façon, à la tâche ou aux pièces, à charge par l'employeur d'en supporter la moitié, sans que ce prélèvement pour l'ouvrier comme pour l'employeur puisse dépasser 15 francs par an ;

5° Par un versement annuel obligatoire et personnel de 30 francs de tous les employés, officiers, fonctionnaires, etc., contribuant déjà à une Caisse de retraite spéciale, dont les appointements ou émoluments sont supérieurs à 4.000 francs ;

6° Par un versement annuel de l'Etat équivalant à la contribution annuelle de 30 francs de tous les militaires soldats et marins accomplissant leur période de service obligatoire ;

7° Par un versement annuel obligatoire et personnel de 30 francs à partir de l'âge de vingt ans de tous ceux qui n'étant ni employeurs, ni employés, ne sont pas compris dans les autres paragraphes du présent article.

ART. 4

Les versements, prélèvements ou retenues stipulés à l'article précédent seront également effectués et appliqués à tous les employeurs et ouvriers de nationalité étrangère résidant en France, mais les bénéfices de la loi ne seront acquis à ces derniers qu'après un délai de dix ans, depuis leur immatriculation, aux termes de la loi du 8 août 1893.

Art. 5

Les propriétaires, rentiers, pensionnés ou retraités ayant un revenu inférieur à 1.000 francs sont exonérés de la contribution annuelle à partir de 60 ans.

Mais toute personne âgée de plus de 60 ans, pensionnée ou non, qui travaille pour le compte d'un tiers en qualité d'ouvrier ou d'ouvrière doit supporter, sur son salaire, au profit de la collectivité, la retenue journalière fixée par la loi.

Art. 6

Les ouvriers, employés, etc. des deux sexes, qui participent déjà obligatoirement, par une retenue sur leur salaire, à une Caisse de retraite spéciale, établie par l'Etat ou sous le contrôle de l'Etat, et où les avantages ne sont pas inférieurs à ceux réservés par la présente loi, ne sont pas compris dans le nombre des participants et des bénéficiaires à la Caisse de solidarité nationale.

Art. 7

Toutes les institutions de retraites reconnues ou établies par l'Etat, visées à l'article 6 précédent, seront tenues, en cas de démission ou de révocation d'un de leurs participants, de prélever sur la caisse la somme correspondante (capital et intérêts composés au taux de 3.50 % C. R.) au nombre de journées de mensualités accomplies par ce participant depuis son admission jusqu'au jour de sa démission. Cette somme sera versée à la Caisse de solidarité nationale qui en fera état sur le livret qui sera remis au nouveau participant et bénéficiaire.

ART. 8

Toute personne de nationalité française, non comprise dans les catégories de contribuables prévues à l'article 3, aura droit de se faire inscrire et de se faire délivrer un carnet de versements à la Caisse de solidarité nationale et elle jouira de tous les avantages réservés aux participants obligatoires.

ART. 9

Il sera délivré gratuitement à tout participant obligatoire ou facultatif à la Caisse de solidarité nationale un livret individuel sur lequel seront inscrits tous les versements effectués.

Ce livret contiendra un extrait de la présente loi, le tarif 3 fr. 50 % C. R. ainsi que les indications nécessaires pour que le porteur connaisse les formalités à remplir en cas d'invalidité, de décès et à l'âge de la retraite.

ART. 10

Pour faciliter les versements, il sera créé des timbres de 0 fr. 05, 0 fr. 10, 0 fr. 15, 0 fr. 20, 0 fr. 50, 1 franc, 1 fr. 25 et 2 fr. 50 qui seront apposés par les employeurs, débiteurs des salaires, sur des feuilles individuelles dites de retenues mises gratuitement à la disposition des participants. Ces feuilles devront être présentées dans la quinzaine ou le mois au plus tard, au bureau qui aura mission d'enregistrer les versements sur le carnet individuel, à des époques à déterminer par le règlement d'administration publique dont il est parlé à l'article 31.

Art. 11

Les contributions seront perçues comme il suit :

1° Les employeurs, patrons, patentés, propriétaires, rentiers, tous ceux qui appartiennent aux carrières libérales et tous ceux qui auront un versement personnel et obligatoire à effectuer conformément à l'article 3 de la présente loi pourront acquitter leur part de contribution à la Caisse de solidarité nationale en une ou plusieurs fois et même par douzième ;

2° Les ouvriers et les employés, les serviteurs et les journaliers et toutes les catégories prévues à l'article 3 de la présente loi, dont la seule obligation consiste à subir une retenue avec versement de pareille somme à la charge de l'employeur, devront exiger qu'à chaque paye l'employeur appose, sur les feuilles de retenues portant leur nom, un timbre, dont la valeur correspondra à la fois à la retenue qu'ils subissent et au versement imposé à l'employeur.

Les timbres pourront être oblitérés à l'aide d'un tampon portant la date et le nom de l'employeur, ou annulés par l'indication de la date du versement et par l'apposition de la signature ;

3° Les personnes dont les versements sont facultatifs pourront apposer, sur des feuilles identiques tenues gratuitement à leur disposition, les timbres représentant la valeur de la somme versée. Ces feuilles devront ensuite être remises au bureau enregistreur, dans les conditions prévues à l'article 10.

ART. 12

Tout participant en retard ou dont les retenues obligatoires n'atteindraient pas annuellement la somme de 30 francs réclamée pour jouir intégralement des bénéfices de la loi, aura, à n'importe quel moment, la faculté de se mettre en règle avec la Caisse nationale de solidarité. Les versements de ce genre seront effectués dans la forme prescrite au paragraphe 3 de l'article 11.

ART. 13

Le capital en cas de décès ne sera acquis aux ayants droit, que si les versements du mari ou du père décédé ont été régulièrement effectués, c'est-à-dire si la somme de 30 francs a été intégralement versée chaque année. L'âge de vingt ans sera pris comme point de départ des versements, sauf pour les participants dont les versements deviendront obligatoires dès la promulgation de la présente loi.

Si les versements ont été irréguliers, il sera prélevé sur le capital-décès la somme nécessaire pour régulariser le compte du décédé et il ne sera versé, le cas échéant, que la différence aux ayants droit.

TITRE II

De la retraite anticipée d'invalidité

ART. 14

Lorsque les travailleurs visés à l'article premier sont atteints d'invalidité permanente avant l'âge de 60 ans, ils ont droit, à tout âge, à la liquidation anticipée de leur retraite majorée dans les conditions indiquées à cet article.

ART. 15

N'est réputé invalide, dans le sens de l'article 14, que le travailleur qui n'est plus en état de gagner un tiers de ce que les personnes appartenant à son ancienne profession, gagnent d'ordinaire par leur travail dans la même région.

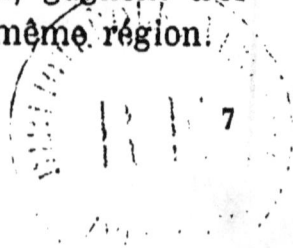

ART. 16

Cet é.at d'invalidité est établi, sur la demande de l'intéressé, accompagnée d'un certificat du maire et d'un avis de la Commission municipale, par décision de la Commission départementale, siégeant au chef-lieu du département.

ART. 17

Les décisions de la Commission départementale sont prises en dernier ressort.

Elles peuvent être attaquées, dans le délai de trois mois par les intéressés ou par la Commission supérieure, pour violation de la loi, devant le Conseil d'Etat.

Le pourvoi est suspensif ; il est jugé comme affaire urgente, sans frais, avec dispense du timbre et du ministère d'avocat.

TITRE III

Dispositions générales

ART. 18

La Caisse de solidarité nationale sera administrée par un service spécial qui sera créé au Ministère des Finances.

Une Commission supérieure dont la composition et le fonctionnement seront déterminés par

un règlement d'administration publique sera
chargée de surveiller l'exécution de la présente
loi.

La Commission supérieure désignera six de ses
membres pour former un comité chargé d'admi-
nistrer la Caisse, de concert avec le directeur
nommé par le Ministre et de contrôler la gestion
de la direction, de centraliser toutes les opéra-
tions, de capitaliser chaque année l'excédent des
recettes sur les dépenses, de légaliser les retraites et d'assurer le service des dépenses.

ART. 19

Il sera institué, dans chaque département, une
Commission départementale chargée de surveiller
l'exécution de la présente loi dans le département
où elle fonctionnera. Un règlement d'administration publique en fixera la composition et les
règles de fonctionnement.

Les Commissions départementales relèveront
de la Commission supérieure qui pourra casser ou
réformer leurs décisions.

ART. 20

Il sera institué dans chaque commune une
Commission municipale présidée par le maire et
dont un règlement d'administration publique
déterminera la composition et les règles de fonctionnement.

La Commission municipale a pour mandat d'assurer l'exécution de la présente loi dans la commune où elle fonctionnera. Elle relève de la Commission départementale ; ses décisions peuvent être réformées ou cassées par la Commission départementale.

ART. 21

Les services financiers résultant de l'exécution de la présente loi seront assurés : pour les recettes, par l'Administration des contributions directes et l'Administration de l'enregistrement, du timbre et des domaines, et pour les dépenses, par les trésoriers-payeurs généraux.

ART. 22

Le montant des timbres-retraites et des versements ainsi que les revenus du portefeuille excédant les fonds nécessaires au service des payements, sont employés en valeurs d'Etat ou en valeurs équivalentes.

Au cas où l'ensemble des ressources placées et déposées pour le compte de la Caisse de solidarité nationale produirait un revenu inférieur à trois pour cent (3 %), la différence lui serait bonifiée par l'Etat.

ART. 23

Dans chaque département, il sera créé une Caisse spéciale dont la gestion appartiendra à la

Commission départementale sous le contrôle de la Commission supérieure.

Cette Caisse aura pour but d'aider dans la mesure de ses ressources les participants retardataires, victimes de cas de force majeure, en leur facilitant le versement des cotisations en retard.

Cette Caisse sera alimentée par les subventions volontaires du département et des communes et par des dons particuliers.

ART. 2'.

Les pensions, soit de vieillesse, soit d'invalidité, constituées en vertu de la présente loi, sont incessibles et insaisissables jusqu'à concurrence de trois cent soixante francs (360 fr.)

ART. 25

Les certificats, actes de notoriété et toutes autres pièces relatives à l'exécution de la présente loi seront délivrés gratuitement et dispensés des droits de timbre et d'enregistrement. Un décret réglera le tarif postal réduit applicable aux objets de correspondance adressés à ou reçus par la *Caisse de solidarité nationale* pour l'exécution de la présente loi.

ART. 26

Toutes contestations relatives à la quotité des salaires servant de base à la retraite, aux appositions de timbres-retraite ou aux versements exigibles, sont jugées en dernier ressort par le juge de paix du canton où doit avoir lieu le payement du salaire. Ces décisions peuvent être déférées à la Cour de cassation pour violation de la loi.

Les ouvriers et employés intéressés peuvent, devant la même juridiction et dans les mêmes conditions, répéter contre leurs employeurs, pendant un délai de trois ans, le montant des timbres-retraite qui auraient dû être effectués à leur profit d'après la présente loi Ils ont droit, à titre de dommages-intérêts, au double du montant des dites répétitions sans pouvoir renoncer d'avance ni à ces répétitions, ni à ces dommages-intérêts. Le montant des répétitions doit faire immédiatement, par les soins de l'employeur, l'objet d'apposition de timbres-retraite sur le livret de l'ouvrier.

Le délai de trois ans ci-dessus spécifié est réduit à un an, à l'égard des employeurs qui tiennent régulièrement des carnets de paye soumis au contrôle administratif dans les conditions déterminées par le règlement d'administration publique.

ART. 27

Toutes les difficultés concernant la liquidation provisoire ou définitive des retraites de vieillesse ou des retraites d'invalidité sont soumises aux tribunaux civils ; elles sont jugées en dernier ressort comme affaires sommaires, au rapport d'un juge, le ministère public entendu ; l'assistance de l'avoué n'est pas obligatoire.

ART. 28

Toute fraude ou déclaration erronée de la part des participants ou bénéficiaires, toute infraction commise dans l'exécution de la présente loi sera punie d'une amende de 50 à 500 francs. En cas de récidive, la peine sera portée de 500 à 2.000 francs.

TITRE IV

Dispositions transitoires

ART. 29

Pendant la période transitoire, le capital prévu à l'article premier au profit de la veuve et de chacun des enfants âgés de moins de 16 ans du participant décédé avant l'âge de 60 ans sera de :

50 francs pour les revenus familiaux au-dessous de 200 francs.
40 — — de 200 à 500 francs.
30 — — de 500 à 1.000 francs.
20 — — au-dessus de 1.000 francs.

Ce capital initial sera augmenté, de cinq ans en cinq ans, de 50 francs jusqu'à ce qu'il ait atteint les chiffres prévus à l'article premier.

ART. 30

La présente loi entrera en vigueur dans un délai maximum d'un an à partir de la date de sa promulgation. Tout citoyen français rentrant dans l'une des catégories des participants prévues à l'article premier en bénéficiera dès cette date, pourvu qu'il remplisse les conditions exigées à cet effet.

ART. 31

Un règlement d'administration publique déterminera toutes les conditions nécessaires pour assurer le fonctionnement de la présente loi.

※

ANNEXES

CONTRIBUABLES A LA CAISSE DE SOLIDARITÉ NATIONALE

TABLEAU N° 1

Population active de la France, d'après le recensement de 1896 (1)
(Services de l'État non compris)

INDUSTRIES ou PROFESSIONS	PATRONS			SALARIÉS		
	ENSEMBLE	SEXE		ENSEMBLE	SEXE	
		Masculin	Féminin		Masculin	Féminin
Pêche, forêts, agriculture..	4.430.000	3.004.000	1.426.000	4.095.000	2.753.000	1.342.000
Industrie (y compris les transports)......:	1.490.000	1.030.000	460.000	4.844.000	3.243.000	1.601.000
Commerce (y compris les soins personnels)........	901.000	503.000	398.000	758.000	577.000	181.000
Service domestique........	»	»	»	920.000	175.000	745.000
Professions libérales et services publics............	166.000	111.000	55.000	865.000	676.000	189.000
	6.987.000	4.648.000	2.339.000	11.482.000	7.424.000	4.058.000

(1) Tableau de la page LXIV du tome IV du Recensement général de 1896 publié par la direction du Travail.

TABLEAU No **2.**

Guerre. — *Effectif des troupes de l'armée de terre* (1)

ANNÉES.	MOYENNE ANNUELLE		
	Offîciers.	Sous-officiers et soldats.	Totaux
1896............................	21.578	543.065	564.643

(1) Extrait de l'*Annuaire statistique*, année 1903, page 101.

TABLEAU No **3.**

Marine. — *Inscription maritime et recrutement* (2).

ANNÉES.	PROVENANT		
	de l'inscription maritime.	du recrutement et de l'engagement volontaire,	Total.
1896............................	34.759	12.883	47.592

(2) Extrait de l'*Annuaire statistique*, année 1903, page 101

TABLEAU Nº 4

Extrait du 1er tableau comparatif de la population active en 1866 et 1896 (1)

(Année 1896)

INDUSTRIES OU PROFESSIONS	ENSEMBLE (1)	SEXE	
		m.	f.
Industrie extractive (mines et carrières)	227.003	222.299	4.764
Chemins de fer P. T.	240.122	221.111	19.011
Services généraux de l'Etat ou des communes	632.322	541.092	90.330
Industries exercées par l'Etat ou les communes	56.460	42.142	14.318
Totaux	1.155.967	1.027.544	128.423

(1) Dans ce nombre, sont compris les chefs d'établissement.

(1) Pages XVI et XIX du recensement général (tome IV).

TABLEAU N° 5

Tableau des pensions de retraites (1)

Retraites de l'Etat, pensions des sociétés de secours mutuels, rentes viagères de la Caisse nationale des retraites (Année 1896)

PENSIONS civiles		PENSIONS militaires		PENSIONS civiles et militaires (veuves et orphelins) comprises dans les chiffres précédents		CAISSE NATIONALE des retraites		SOCIÉTÉS de secours mutuels		PENSIONNÉS OU RETRAITÉS
Nombre	Pensions	Nombre	Pensions	Nombre	Pensions	Nombre	Sommes	approuvées	libres	
	francs		francs		francs		francs			
85.492	6.767.866	137.902	126.213.106	72.564	35.968.290	208.241	33.396.864	38.986	14.609	485.230

(1) Extrait des pages 93, 95, 96 et 97 de l'*Annuaire statistique de l'année 1903*.

Proportions, pour les grandes catégories profession-nelles, des causes de chômage (maladie ou invalidité, morte-saison, autre manque d'ouvrage) (1).

CATÉGORIES professionnelles	ENSEMBLE	MALADIE OU INVALIDITÉ				MORTE-SAISON				AUTRE MANQUE D'OUVRAGE			
		Totaux	0 à 24 ans	25 à 64 ans	65 ans et plus	Totaux	0 à 24 ans	25 à 64 ans	65 ans et plus	Totaux	0 à 24 ans	25 à 64 ans	65 ans et plus
	°/₀	°/₀	°/₀	°/₀	°/₀	°/₀	°/₀	°/₀	°/₀	°/₀	°/₀	°/₀	°/₀
1° Sexe masculin													
Pêche, agriculture, forêts ..	100	29 59	4 43	17 35	7 81	39 86	8 42	27 22	4 22	30 55	6 61	21 59	2 35
Industrie..........	100	38 50	5 59	26 44	6 47	32 18	8 55	22 40	1 23	20 32	7 85	20 26	1 21
Commerce.........	100	36 32	9 10	25 38	1 84	18 02	6 32	11 50	0 20	45 66	14 12	31 07	0 47
Professions libérales	100	39 03	8 79	27 05	3 19	16 80	3 56	12 99	0 23	44 17	14 56	28 44	1 17
Service domestique.	100	39 11	10 96	24 79	3 42	19 70	7 63	11 69	0 38	44 19	13 50	26 99	6 61
	100	36 84	5 95	24 81	6 08	31 33	8 11	21 63	1 59	31 83	8 56	21 96	1 31
2° Sexe féminin													
Pêche, agriculture, forêts ..	100	19 04	4 91	9 90	4 23	60 71	16 45	40 40	3 86	20 25	5 53	13 18	1 54
Industrie..........	100	44 63	11 43	27 94	5 26	31 39	13 12	17 39	0 88	23 98	9 05	14 10	0 83
Commerce.........	100	47 56	12 09	32 74	2 73	12 93	4 34	8 41	0 18	39 51	11 71	27 48	0 32
Professions libérales	100	47 49	9 88	34 81	2 80	17 55	5 16	12 09	0 30	34 96	9 »	24 78	1 18
Service domestique.	100	49 90	17 12	29 33	3 45	12 25	3 88	7 99	0 38	37 85	16 94	19 91	»
	100	41 06	11 18	25 27	4 61	32 49	11 67	19 52	1 80	26 45	9 80	15 69	0 96

(1) Page CXXI. (Recensement général de 1896. Tome IV).

« Le nombre des employés et ouvriers sans emploi
« est compris sans doute entre les limites de 250.000 à
« 300.000. Le nombre total des salariés pouvant être éva-
« lué à 11 millions environ, les chômeurs représente-
« raient une proportion de 2.50 à 3 o/o [1].

. . . .

« On remarquera que la proportion des vieillards est
« relativement beaucoup plus grande parmi les person-
« nes en chômage pour cause de maladie que parmi les
« autres ce qui laisse supposer qu'un grand *nombre*
« *de vieillards* en chômage ne pourraient plus reprendre
« leur profession. »

TABLEAU N° 7.

Invalides du travail

D'après le tableau n° 6, le nombre de chômeurs,
pour cause de maladie ou d'invalidité, au moment du
recensement de 1896, était de :

36 84 % pour les salariés du sexe masculin et de
41 06 % pour les salariés du sexe féminin, par rapport
au nombre total des chômeurs.

Or, ce nombre, au jour du recensement, variait
entre 250.000 et 300.000.

Sur ces bases, en ne faisant *aucune ventilation entre la maladie et l'invalidité* et en y englobant les

[1] Recensement général de 1896, page CXXII.

salariés de plus de 65 *ans*, le nombre des invalides *des deux sexes* serait de :

$$\frac{300.000 \times 48 \ (1)}{100} = 120.000$$

En d'autres termes, il y aurait 120.000 invalides du travail sur 11 millions de salariés.

Si on applique le même raisonnement aux patrons, dont le nombre est de 7 millions (en chiffres ronds), on peut estimer à :

$$\frac{120.000 \times 7}{11} = \frac{840.000}{11} = 80.000 \text{ en chiffres ronds les patrons}$$

atteints d'invalidité.

Au total, la pension d'invalidité serait acquise à 200.000 personnes des deux sexes.

Nous en inscrivons 300.000 dans notre projet, nous rapprochant ainsi sensiblement du chiffre indiqué par M. Guieysse dans son rapport de 1900.

Nous aurons donc à prévoir une dépense annuelle de :

$$300.000 \times 50 = 15.000.000$$

pour les pensions viagères à servir aux invalides du travail.

---

(1) 37 0/0 pour le sexe masculin.
42 0/0 pour le sexe féminin.

$$\frac{78 \ 0/0}{2} = 39 \ 0/0$$

["114","

TABLEAU N° 8.

Détermination du nombre des « contribuables » à la caisse de solidarité nationale

DÉSIGNATION DES CONTRIBUABLES	NOMBRE	TOTAUX	TOTAL GÉNÉRAL
1° Patrons (tableau n° 1) ..	6.987.000		
2° Salariés (tableau n° 1) ..	11.482.000		
3° Soldats et marins (tableaux n°ˢ 2 et 3)	555.948		
4° Rentiers, propriétaires de 20 à 60 ans (1)	224.000		
	19.248.948	19.248.948	
Du nombre inscrit dans la colonne 3, il convient de déduire :			
1° Les ouvriers, employés des mines, des chemins de fer, des départements et des communes (tableau n° 4)	1.155.967		17.492.967
2° Les invalides du travail 2° Les invalides du travail (tableau n° 7)	300.000		
3° Les chômeurs (tableau n° 6)	300.000		
	1.755.967	1.755.967	

(1)En 1891, on a recensé 224.000 *hommes* âgés de vingt à soixante ans, qui se sont déclarés propriétaires ou rentiers, etc... »
Page CXXV. — Recensement général de 1896,

Le nombre des participants sera, en réalité, sensiblement supérieur à ce chiffre, parce que nous n'avons fait figurer parmi nos contribuables que les catégories de personnes sur lesquelles nous possédons des données statistiques suffisamment approchées.

Il y aura d'autres participants, en particulier :

a) Les fonctionnaires, officiers, employés, ingénieurs, etc., d'un traitement supérieur à 4.000 francs, dont le nombre ne peut être évalué avec quelque exactitude avec les seules indications que nous possédons.

b) Les rentiers, âgés de plus de 60 ans et les rentières de tous âges, dont les revenus sont supérieurs à 1.000 francs. Aucune statistique n'en donne le nombre.

c) Les employés et ouvriers des départements et des communes qui ne sont pas affiliés à une caisse spéciale de retraites et que *nous avons tous considérés comme étant admis au bénéfice de la retraite,* alors *qu'en réalité* la plupart en sont exclus.

Il convient de remarquer, d'autre part, que la retenue patronale atteindra toutes les journées de travail sans exception, et, notamment, celles qui seront accomplies par les personnes classés dans la catégorie « Familles ».

Dès lors, en fixant à 17.000.000, en chiffres ronds, le nombre des contribuables (tableau n° 8), *c'est le chiffre minimum* que nous prenons, restant ainsi volontairement au-dessous de la vérité afin d'écarter tout aléa dans les prévisions de recettes.

TABLEAU No 9

Salariés par sexe et par âge (1)

PROFESSIONS	TOTAL	MOINS de 18 ans	18 à 54 ans	55 à 59 ans	60 à 64 ans	55 à 64 ans	18 à 64 ans	65 ans et plus
1· Sexe masculin								
Agriculture, forêts, pêche............	2.753.000	553.000	1.827.000	117.000	78.000	195.000	2.022.000	178.000
Industrie, transports.	3.243.000	334.000	2.526.000	157.000	104.000	261.000	2.787.000	122.000
Commerce..........	577.000	65.000	462.000	21.000	14.000	35.000	497.000	15.000
Totaux (sexe masculin)...............	6.573.000	952.000	4.815.000	295.000	196.000	491.000	5.306.000	315.000
2· Sexe féminin								
Agriculture, forêts, pêche............	1.342.000	313.000	809.000	60.000	47.000	107.000	916.000	113.000
Industrie, transports.	1.601.000	204.000	1.229.000	60.000	47.000	107.000	1.336.000	61.000
Commerce..........	181.000	27.000	142.000	4.000	4.000	8.000	150.000	4.000
Totaux (sexe féminin)...............	3.124.000	544.000	2.180.000	124.000	98.000	222.000	2.402.000	178.000
3· Sexe masculin et féminin réunis								
Agriculture, forêts, pêche............	4.095.000	866.000	2.636.000	177.000	125.000	302.000	2.938.000	291.000
Industrie, transports.	4.844.000	538.000	3.755.000	217.000	151.000	368.000	4.123.000	183.000
Commerce..........	758.000	92.000	604.000	25.000	18.000	43.000	647.000	19.000
Totaux généraux....	9.697.000	1.496.000	6.995.000	419.000	294.000	713.000	7.708.000	493.000

TABLEAU Nº 10

**Population de la France par âges et par sexe d'après
le recensement de 1891 (1)**

SEXES	NOMBRE de personnes âgées de plus de 60 ans
Sexe masculin............ ...	2.285.946
Sexe féminin................	2.483.207
Totaux...	4.769.153

TABLEAU Nº 11.

Population de la France par âges et conditions
Dénombrement de 1891 (2)

CONDITIONS	De 0 à 20 ans	De 20 à 60 ans	DE 60 ANS et plus	TOTAUX par conditions
Patrons	169.648	5.747.218	1.754.532	7.671.398
Employés	180.624	662.641	55.834	899.099
Ouvriers	1.691.948	4.641.114	771.887	7.104.949
Domestiques	546.355	919.753	143.324	1.609.432
Familles	10.092.025	7.569.596	2.043.756	19.544.257
	12.680.600	19.540.322	4.769.153	36.829.135
Non classés				1.853.220
Totaux généraux				38.343.235

(1) Annuaire statistique de 1903, page 125.
(2) D'après le recensement de 1896 (tableau nº 9), le nombre de salariés des deux sexes âgés de 60 ans et plus n'est que de 787.000 au lieu de 971.045 que nous donnons.

TABLEAU N° 12.

Détermination du nombre de bénéficiaires de la pension viagère de 50 francs

D'après le dénombrement de 1891, il y a 4.608.213 personnes qui ont plus de 60 ans. Sur ce nombre, combien y en a-t-il qui seront pensionnés ?

Aucune statistique officielle ne fixe la situation de fortune de chacun des membres de la collectivité française. On le saura le jour où l'impôt sur le revenu sera appliqué intégralement. On pourra alors produire des moyennes probables et procéder à des classements utiles.

En attendant, pour déterminer la proportion des personnes dont la situation de fortune est inférieure à 1.000 francs de rente, il n'existe pas d'autres moyens que celui qui consiste à poser la question aux maires des diverses localités agricoles, industrielles, commerciales, là, en somme, où, étant donné le petit nombre d'habitants, il est facile de connaître la situation de chacun.

Les résultats de ces questionnaires sont les suivants :

	Agricoles	Commerciales	Industrielles	MOYENNE
	%	%	%	%
Revenu de 200 francs	50	55	68	59
— de 200 à 500fr.	16	12	8	12
— de 500 à 1.000 fr.	10	10	7	9
Au-dessus de 1.000 fr.	24	23	17	20

D'où il suit que le nombre de personnes à qui il serait servi, dès la promulgation de la loi, une rente viagère de 50 francs est de

$$\frac{4.769.153 \times 60}{100} = 2.861.490$$

La dépense annuelle correspondante est de 143.000.000 fr.

TABLEAU N° 13.

Détermination du taux du capital au décès

D'après la statistique sur le mouvement de la population de 1896, il se contracte, en moyenne, 280.000 mariages par an. L'âge moyen du mariage est de 28 ans pour l'homme et de 23 ans pour la femme.

Pour éviter toute cause d'erreur, nous abaissons à 25 ans l'âge moyen de l'homme. D'autre part, la même statistique indique que :

20 % de mariés n'ont pas d'enfants,
24,4 % de mariés ont 1 enfant vivant,
21,8 % ont 2 enfants vivants,
14,5 % ont 3 enfants vivants,
9 % ont 4 enfants vivants,
10,3 % ont 5 enfants vivants et plus.

Si nous appliquions ce pourcentage au nombre de décès connus et si aux résultats obtenus nous appliquons les coefficients établissant les degrés de fortune, nous trouvons, comme moyenne du capital au décès, la somme de 1.200 francs. Mais il y a lieu de remarquer que dans les calculs ainsi établis il est tenu compte de tous les enfants, alors qu'il ne devrait être fait état que des enfants au-dessous de 16 ans, de sorte qu'en fixant à 1.000 francs le chiffre moyen du capital au décès, on est au-dessus plutôt qu'au-dessous de la vérité.

Le tableau suivant donne une idée de la dépense qu'entraînera l'application de notre proposition, en ce qui concerne l'assurance en cas de décès :

Mortalité probable dans l'hypothèse d'une entrée constante de 80.000 personnes de vingt-cinq ans chaque année, et dépense annuelle nécessitée par l'allocation du capital-décès.

ANNÉES		MORTALITÉ T. M.-C. R.	DÉCÈS ANNUELS — État Constant	CAPITAL moyen par décès (Francs)	DÉPENSE annuelle (Francs)
1	25	»	»	»	»
2	26	2.072	94.000	100	9.400.000
3	27	4.076	»	»	»
4	28	6.034	»	»	»
5	29	7.966	»	»	»
6	30	9.892	»	»	»
7	31	11.818	»	200	18.800.000
8	32	13.750	»	»	»
9	33	15.691	»	»	»
10	34	17.628	»	»	»
11	35	19.577	»	»	»
12	36	21.529	»	300	28.200.000
13	37	23.556	»	»	»
14	38	25.510	»	»	»
15	39	27.563	»	»	»
16	40	29.671	»	»	»
17	41	31.838	»	400	37.600.000
18	42	34.059	»	»	»
19	43	36.327	»	»	»
20	44	38.645	»	»	»
21	45	41.011	»	»	»
22	46	43.447	»	500	47.000.000
23	47	45.916	»	»	»
24	48	48.642	»	»	»
25	49	51.452	»	»	»
26	50	54.443	»	»	»
27	51	57.626	»	600	56.400.000
28	52	61.000	»	»	»
29	53	64.556	»	»	»
30	54	68.283	»	»	»
31	55	72.170	»	»	»
32	56	76.207	»	700	65.800.000
33	57	80.396	»	»	»
34	58	84.742	»	»	»
35	59	89.244	»	»	»
36	60	93.920	»	»	»
37 à 41	»	»	»	800	75.200.000
42 à 46	»	»	»	900	84.600.000
47 à 54	»	»	»	1.000	94.000.000
État constant.	»	»	»	»	»

TABLEAU N° 14.

Détermination du nombre de retraites à servir par la Caisse de solidarité nationale

On a vu, d'après l'article 11 de notre proposition de loi, que nous avons établi certaines classifications dans l'attribution de la retraite. Les mariés sont favorisés par rapport aux célibataires. Les bénéfices sont, en quelque sorte, proportionnés aux charges de famille, au mérite social.

Or, les nombres fournis par le recensement de 1896 en ce qui concerne les mariés, veufs et célibataires de plus de 60 ans, sont les suivants : (1)

Célibataires	203.437	soit 10 %
Mariés	1.458.946	soit 60 %
Veufs	604.185	soit 30 %
Divorcés	2.526	
Ensemble......	2.269.094	

Il y a lieu de remarquer, en outre, que les retraites à servir seront entières ou partielles, suivant la situation de fortune des intéressés. Or, le nombre de personnes âgées de plus de soixante ans est, d'après le tableau n° 11, exception faite des familles, de 2.725.577 (2), comprenant à la fois les patrons, ouvriers, employés, domestiques, c'est-à-dire les for-

---

(1) Renseignements fournis par la Direction du Travail (Ministère du Commerce et de l'Industrie).

(2) Ce nombre se décompose ainsi (col. 4 du tableau n° 11) :

Patrons	1.754.532
Employés	55.834
Ouvriers	771.887
Domestiques	143.324
Total....................	2.725.557

tunés et les non-fortunés. Toutes ces personnes sont
des participants obligatoires à la Caisse de solidarité
nationale.

Au moyen de ces diverses données, on peut établir
le tableau suivant :

POURCENTAGE sur 2.725.557 d'après les données du tableau n° 12	MARIÉS 60 0/0	VEUFS 30 0/0	CÉLIBATAIRES 10 0/0	TOTAUX
60 0/0 ayant de 0 à 200 fr. de rentes	981.207	490.653	163.534	1.635.346
12 0/0 — de 200 à 500 fr. de —	196.241	98.120	32.706	327.069
8 0/0 — de 500 à 1.000 fr. de —	130.827	65.413	21.804	218.046
20 0/0 — de 1.000 francs et au-dessus. N'ayant pas droit à la retraite..				545.116

Personnes
—

d'où il suit que la retraite entière sera acquise à..... 981.207+196.241=1.177.448
les 6/7 de la retraite seront acquis à....... 130.827+588.723= 719.550
les 5/7 — à....... 65.413+196.240= 201.653
les 4/7 — à....... 21.804= 21.804

Au total.... 2.180.461

Ce nombre sera accru de toutes les cotisations
irrégulières versées par les journaliers et journalières compris dans la catégorie des « familles » ou
des « non-classés », comme aussi de tous les versements facultatifs autorisés.

TABLEAU Nº 15.

Détermination des rentes viagères produites par le versement annuel de 30 francs à capital aliéné à 60 ans. (Tarif 3 1/2 0/0 C. R.)

AGES au versement	RETRAITE entière 7/7ᵉ	6/7ᵉ	5/7ᵉ	4/7ᵉ
	Francs	Centimes	Francs	Centimes
59	5 75	4 93	4 03	3 28
58	8 89	7 62	6 35	5 08
57	12 22	10 48	8 74	7 »
56	15 73	13 49	11 25	8 98
55	19 44	16 66	13 88	11 10
54	23 36	20 02	16 68	13 34
53	27 48	23 55	19 65	15 70
52	31 83	27 29	22 73	18 11
51	36 39	31 20	25 98	20 79
50	41 19	35 31	29 43	23 55
49	46 22	39 62	33 02	26 42
48	51 49	44 13	36 77	29 41
47	57 01	48 87	40 73	32 59
46	62 79	53 82	44 84	35 87
45	68 84	59 »	49 16	39 33
44	75 17	64 43	53 69	42 65
43	81 78	70 10	58 42	46 74
42	88 69	76 02	63 35	50 68
41	95 91	82 21	68 50	54 81
40	103 44	88 65	73 88	59 10
39	111 32	95 42	79 52	63 62
38	119 53	102 45	85 39	68 32
37	128 11	109 80	91 50	73 20
36	137 06	117 48	97 90	78 32
35	146 40	125 49	104 58	83 67
34	156 14	133 83	111 52	89 22
33	166 30	142 55	118 80	95 02
32	176 89	151 62	126 35	101 08
31	187 95	161 10	134 25	107 40
30	199 47	170 98	142 49	113 98
29	211 49	181 28	151 07	120 86
28	224 03	192 03	160 03	128 03
27	237 10	203 22	169 35	135 48
26	250 74	214 92	179 10	143 28
25	264 96	227 11	189 26	151 41
24	279 80	239 83	199 86	159 89
23	295 29	253 11	210 93	168 73
22	311 45	266 96	222 47	177 98
21	328 32	281 42	234 52	187 62
20	345 91	296 51	247 07	197 66
19	364 27			
18	383 40			
17 . . . . . : .	403 35			
16	424 11			
15	445 73			

TABLEAU N° 16.

Détermination de la dépense annuelle en période transitoire

Il s'agit de déterminer tout d'abord le nombre des retraites proportionnelles qui doivent être servies chaque année à partir de la promulgation de la loi.

Quel est donc le nombre des personnes de la génération de cinquante-neuf ans qui doit former le premier groupe de retraités ?

Les recensements de la population nous apprennent que le nombre des personnes au-dessus de soixante-ans est constant. Il en résulte que les décès qui se produisent annuellement dans ces générations (soixante à cent-deux ans) sont remplacés chaque année par les survivants de la cinquante-neuvième année.

En consultant la table de mortalité C. R. — survivants et population à chaque âge (tableau n° 17 *bis*) — on voit qu'un groupe de 59.100 survivants de soixante ans, disparaît complètement à la cent deuxième année. Le nombre de survivants à chaque âge représente donc celui des retraites à servir.

Il en résulte que la totalité des survivants, divisée par le chiffre du groupe initial nous donne le nombre moyen des annuités de retraites à servir et nous fixe sur la moyenne d'existence de la génération de soixante ans.

Ces calculs établissent que la retraite serait servie quinze fois, c'est-à-dire quinze ans à tous les survivants de soixante ans.

Il s'ensuit que, toutes les années, le quinzième de la population de soixante ans et au-dessus disparaît et se trouve compensé par un nombre égal de survivants de la génération de cinquante-neuf ar... Nous appliquons donc ce quinzième à nos 2.180.000 retraités prévus en période constante et nous obtenons 145.333 personnes qui doivent former chaque année, jusqu'à la vingtième année, des groupes de retraités.

Dès lors en multipliant les nombres fournis par le tarif C. R. (tableau 16) par le nombre total de nos retraités, suivant la décomposition qui en a été faite, nous obtiendrons la dépense totale pour quinze ans et une simple division nous donnera la dépense moyenne annuelle (1).

---

(1) En fait, un groupe de 2.180.000 personnes âgées de 60 ans et plus disparaît mathématiquement d'après la loi de mortalité de la Caisse nationale des retraites pour la vieillesse, au bout de 35 à 40 ans. « Mais la division du montant global des pensions déterminé au moyen du tarif 3 ½ C. R. par le nombre d'années au bout desquels un groupe de têtes âgées de 60 ans et plus est complètement éteint n'est pas susceptible de conduire à des résultats exacts ni même sensiblement approchés. » C'est ce que nous a répondu la direction même de la Prévoyance sociale au Ministère du Commerce.

Dans ces conditions, et pour échapper au reproche d'une exagération quelconque en faveur de nos calculs, nous avons préféré supposer que ce groupe de personnes disparaissait en 15 ans, alors qu'en réalité « après 15 ans il renferme encore 500.000 têtes survivantes environ ». *Nous grossissons ainsi volontairement le chiffre de nos dépenses.*

ANNÉES	DÉPENSE pour 15 ans	MOYENNE annuelle	DÉPENSE totale annuelle	ANNÉES	DÉPENSES pour 15 ans	MOYENNE annuelle	DÉPENSE totale annuelle
	Francs	Francs	Francs		Francs	Francs	Francs
59	11.443.685	762.912	762.912	32	352.640.752	23.509.383	228.359.792
58	17.722.744	1.181.516	1.944.428	31	374.689.521	24.979.301	244.994.242
57	24.368.773	1.624.585	3.569.013	30	397.662.367	26.510.824	262.374.030
56	31.367.382	2.091.158	5.660.171	29	421.621.651	28.108.110	280.491.873
55	38.751.060	2.583.406	8.243.577	28	446.622.757	29.774.850	299.397.588
54	46.565.813	3.104.387	11.347.964	27	472.664.813	31.510.987	319.121.322
53	54.785.477	3.652.365	15.000.329	26	499.865.126	33.324.341	339.698.893
52	63.456.932	4.230.462	19.230.791	25	528.215.413	35.214.360	361.166.396
51	72.548.342	4.836.556	24.067.347	24	557.799.837	37.186.655	383.557.932
50	82.120.325	5.474.688	29.542.035	23	588.683.376	39.245.558	406.917.460
49	92.146.061	6.143.070	35.685.105	22	620.897.866	41.393.191	431.284.868
48	102.642.775	6.842.851	42.527.956	21	654.529.216	43.635.281	456.704.331
47	113.658.438	7.577.229	50.105.185	20	689.601.193	45.973.412	483.220.228
46	125.172.770	8.344.851	58.450.036	19	»	»	508.442.17
45	136.965.549	9.131.036	67.581.072	18	»	»	532.313.077
44	149.854.004	9.990.267	76.808.427	17	»	»	554.777.106
43	163.037.039	10.869.135	86.496.046	16	»	»	575.771.217
42	176.80 . .98	11.787.253	96.658.714	15	»	»	595.233.805
41	191.201.550	12.746.770	107.314.326	14	»	»	613.099.107
40	206.202.868	13.746.857	118.477.777	13	»	»	629.297.669
39	221.929.789	14.795.119	130.168.509	12	»	»	643.760.094
38	238.290.455	15.886.030	142.402.174	11	»	»	656.409.165
37	255.386.755	17.025.783	155.197.495	10	»	»	667.168.217
36	273.237.274	18.215.818	168.576.757	9	»	»	675.954.974
35	291.862.728	19.457.515	182.559.584	8	»	»	682.082.
34	311.269.002	20.751.466	197.167.980	7	»	»	687.363.04
33	331.537.647	22.102.509	212.427.638	6	»	»	689.601.180

TABLEAU Nº 17.

Tableau de mortalité (C. R.) de la Caisse Nationale des retraites (1)

Survivants à chaque âge

AGES	SURVIVANTS	AGES	SURVIVANTS
60	59.093	*Report*....	850.058
61	57.552	83	9.995
62	55.951	84	8.275
63	54.285	85	6.737
64	52.548	86	5.988
65	50.736	87	4.231
66	48.842	88	3.261
67	46.861	89	3.470
68	44.794	90	2.838
69	42.642	91	1.347
70	40.407	92	972
71	38.096	93	691
72	35.718	94	482
73	33.282	95	330
74	30.799	96	220
75	28.288	97	142
76	25.769	98	88
77	23.265	99	52
78	20.802	100	28
79	18.409	101	11
80	16.109	102	2
81	13.927	103	0
82	11.883		
A reporter..	850.058	Total	898.618

(1) Extrait du tableau nº 1 du rapport de M. Guieysse (page 136).

TABLEAU N° 18.

Détermination de la dépense totale qu'entraîne annuellement le fonctionnement de la Caisse jusqu'à leur état constant.

ANNÉES	PENSION viagère à 2.800.000 vieillards	PENSION viagère à 300.000 invalides	CAPITAL en cas de décès attribué annuellement	RETRAITE proportionnelle	TOTAUX
	Francs	Francs	Francs	Francs	Francs
1	143.000.000	15.000.000	9.400.000	762.912	168.162.912
2	143.000.000	15.000.000	9.400.000	1.944.428	169.344.428
3	143.000.000	15.000.000	9.400.000	3.569.013	170.969.013
4	143.000.000	15.000.000	9.400.000	5.660.171	173.060.171
5	143.000.000	15.000.000	9.400.000	8.243.577	175.643.577
6	143.000.000	15.000.000	18.800.000	11.347.964	188.147.964
7	143.000.000	15.000.000	18.800.000	15.000.329	191.800.329
8	143.000.000	15.000.000	18.800.000	19.230.791	196.030.791
9	143.000.000	15.000.000	18.800.000	24.067.347	200.867.347
10	143.000.000	15.000.000	18.800.000	29.542.035	206.342.035
11	143.000.000	15.000.000	28.200.000	35.685.105	221.885.105
12	143.000.000	15.000.000	28.200.000	42.527.956	228.727.956
13	143.000.000	15.000.000	28.200.000	50.105.185	236.305.185
14	143.000.000	15.000.000	28.200.000	58.450.036	244.650.036
15	143.000.000	15.000.000	28.200.000	67.581.072	253.781.072
16	143.000.000	15.000.000	37.600.000	76.808.427	272.408.427
17	143.000.000	15.000.000	37.600.000	86.496.046	282.096.046
18	143.000.000	15.000.000	37.600.000	96.658.714	292.258.714
19	143.000.000	15.000.000	37.600.000	107.314.326	302.914.326
20	143.000.000	15.000.000	37.600.000	118.477.777	314.077.777
21	143.000.000	15.000.000	47.000.000	130.168.509	335.168.509
22	143.000.000	15.000.000	47.000.000	142.402.174	347.402.174
23	143.000.000	15.000.000	47.000.000	155.197.495	360.197.495
24	143.000.000	15.000.000	47.000.000	168.576.757	373.576.757
25	143.000.000	15.000.000	47.000.000	182.559.584	387.559.584
26	143.000.000	15.000.000	56.400.000	197.167.980	411.567.980
27	143.000.000	15.000.000	56.400.000	212.427.638	426.827.638
28	143.000.000	15.000.000	56.400.000	228.359.792	442.759.792
29	143.000.000	15.000.000	56.400.000	244.994.242	459.394.242
30	143.000.000	15.000.000	56.400.000	262.374.030	476.774.030
Total	4.290.000.000	450.000.000	987.000.000	2.783.701.412	8.510.701.412

PENSION viagère à 1.700.000 vieillards	PENSION viagère à 400.000 invalides	CAPITAL en cas de décès attribué annuellement	RETRAITE proportionnelle	TOTAUX
Francs	Francs	Fran cs	Francs	Francs
4.290.000.000	450.000.000	987.000.000	2.783.701.412	8.510.701.412
143.000.000	15.000.000	65.800.000	280.491.873	504.291.873
143.000.000	15.000.000	65.800.000	299.397.588	523.197.588
143.000.000	15.000.000	65.800.000	319.121.322	542.921.322
143.000.000	15.000.000	65.800.000	339.698.893	563.498.893
143.000.000	15.000.000	65.800.000	361.166.396	584.966.396
143.000.000	15.000.000	75.200.000	383.557.932	616.757.932
143.000.000	15.000.000	75.200.000	406.917.460	640.117.460
143.000.000	15.000.000	75.200.000	431.284.868	664.484.868
143.000.000	15.000.000	75.200.000	456.704.331	689.904.331
143.000.000	15.000.000	75.200.000	483.220.228	716.420.228
143.000.000	15.000.000	84.600.000	508.442.174	751.042.174
143.000.000	15.000.000	84.600.000	532.313.077	774.913.077
143.000.000	15.000.000	84.600.000	554.777.106	797.377.106
143.000.000	15.000.000	84.600.000	575.771.217	818.371.217
143.000.000	15.000.000	84.600.000	595.233.805	837.833.805
143.000.000	15.000.000	94.000.000	613.099.107	865.099.107
143.000.000	15.000.000	94.000.000	629.297.669	881.297.669
143.000.000	15.000.000	94.000.000	643.760.094	895.760.094
143.000.000	15.000.000	94.000.000	656.409.165	908.409.165
143.000.000	15.000.000	94.000.000	667.168.217	919.168.217
143.000.000	15.000.000	94.000.000	675.954.974	927.954.974
143.000.000	15.000.000	94.000.000	682.682.828	934.682.828
143.000.000	15.000.000	94.000.000	687.363.049	939.363.049
143.000.000	15.000.000	94.000.000	689.601.180	941.601.180
7.722.000.000	810.000.000	2.961.000.000	15.257.135.965	26.750.135.965

TABLEAU N° 19.

Capitalisation au taux de 3 0/0.

ANNÉES	RECETTES annuelles.	DÉPENSES annuelles.	DIFFÉRENCE entre les recettes et les dépenses. (Col. 2 et 3).	INTÉRÊT (Déduction faite à partir de la 3.ᵉ année, des sommes nécessaires pour assurer le service des pensions).	CAPITALISATION annuelle.
1	2	3	4	5	6
	Francs.	Francs.	Francs.	Francs.	Francs.
	510.000.000	»	+ 510.000.000	»	510.000.000
1	510.000.000	168.162.912	+ 341.837.088	15.300.000	867.137.088
2	510.000.000	169.344.428	+ 340.655.572	26.014.112	1.233.806.772
3	510.000.000	170.969.113	+ 339.030.987	37.014.203	1.609.851.962
4	510.000.000	173.060.171	+ 336.939.829	48.295.558	1.995.087.349
5	510.000.000	175.643.577	+ 334.356.423	50.852.620	2.389.296.392
6	510.000.000	188.147.964	+ 321.852.036	71.678.889	2.782.827.317
7	510.000.000	191.800.329	+ 318.199..671	83.484.819	3.184.511.807
8	510.000.000	196.030.791	+ 313.969.209	95.535.354	3.594.016.370
9	510.000.000	200.867.347	+ 309.132.653	107.820.489	4.010.969.512
10	510.000.000	206.342.035	+ 303.657.965	120.329.085	4.434.956.562
11	510.000.000	221.885.105	+ 288.114.895	133.048.695	4.856.120.152
12	510.000.000	228.727.956	+ 281.272.044	145.683.603	5.283.075.799
13	510.000.000	236.305.185	+ 273.694.815	158.492.271	5.715.262.885
14	510.000.000	244.650.036	+ 265.349.964	171.457.884	6.152.070.733
15	510.000.000	253.781.072	+ 256.218.928	184.562.121	6.592.851.782
16	510.000.000	272.408.427	+ 237.591.573	197.785.551	7.028.228.906
17	510.000.000	282.096.046	+ 227.903.954	210.846.867	7.466.979.727
18	510.000.000	292.258.714	+ 217.741.286	224.009.391	7.908.730.404
19	510.000.000	302.914.326	+ 207.085.674	237.261.912	8.353.077.990
20	510.000.000	314.077.777	+ 195.922.223	250.592.337	8.799.592.550
21	510.000.000	335.168.509	+ 174.831.491	263.987.775	9.238.411.816
22	510.000.000	347.402.174	+ 162.597.826	277.152.354	9.678.161.996
23	510.000.000	360.197.495	+ 149.802.505	290.344.857	10.118.309.358
24	510.000.000	373.576.757	+ 136.423.243	303.549.279	10.558.281.880
25	510.000.000	387.559.584	+ 122.440.416	316.748.454	10.997.470.750
26	510.000.000	411.567.980	+ 98.432.020	329.924.121	11.425.826.891
27	510.000.000	426.827.638	+ 83.172.362	342.774.804	11.851.774.057
28	510.000.000	442.759.792	+ 67.240.208	355.553.220	12.274.567.485
29	510.000.000	459.394.242	+ 51.605.758	368.237.022	12.694.410.265
30	510.000.000	476.774.030	+ 33.225.970	380.832.306	13.108.468.541

ANNÉES	RECETTES annuelles	DÉPENSES annuelles	DIFFÉRENCE entre les recettes et les dépenses (Col. 2 et 3)	INTÉRÊT (Déduction faite à partir de la 3.ᵉ année, des sommes nécessaires pour assurer le service des pensions)	CAPITALISATION annuelle
1	2	3	4	5	6
	Francs	Francs	Francs	Francs	Francs
31	510.000.000	504.291.873	+ 5.708.127	393.254.955	13.507.430.713
32	510.000.000	523.197.588	— 13.197.588	392.025.333	13.899.456.046
33	510.000.000	542.921.322	— 32.921.322	384.062.358	14.283.518.404
34	510.000.000	563.498.893	— 53.498.893	375.006.659	14.658.525.063
35	510.000.000	584.966.396	— 74.966.396	364.789.354	15.023.314.417
36	510.000.000	616.757.932	— 106.757.932	343.941.500	15.367.255.917
37	510.000.000	640.117.460	— 130.117.460	330.900.217	15.698.156.134
38	510.000.000	664.484.868	— 154.484.868	316.459.815	16.014.615.949
39	510.000.000	689.904.331	— 179.904.331	300.534.146	16.315.150.095
40	510.000.000	716.420.228	— 206.420.228	283.034.272	16.598.184.367
41	510.000.000	751.042.174	— 241.042.174	256.903.355	16.855.087.722
42	510.000.000	774.913.077	— 264.913.077	240.739.554	17.095.827.276
43	510.000.000	797.377.106	— 287.377.106	225.497.710	17.321.324.986
44	510.000.000	818.371.217	— 308.371.217	211.268.530	17.532.593.516
45	510.000.000	837.833.805	— 327.833.805	198.144.000	17.730.737.516
46	510.000.000	865.099.107	— 355.099.107	176.823.018	17.907.560.534
47	510.000.000	881.297.669	— 371.297.669	165.929.146	18.073.489.680
48	510.000.000	895.760.094	— 385.760.094	156.444.594	18.229.934.274
49	510.000.000	908.409.165	— 398.409.165	148.488.861	18.378.423.135
50	510.000.000	919.168.217	— 409.168.217	142.184.476	18.520.607.611
51	510.000.000	927.954.974	— 417.954.974	137.663.254	18.658.270.865
52	510.000.000	934.682.828	— 424.682.828	135.065.296	18.793.336.161
53	510.000.000	939.363.049	— 429.363.049	134.437.034	18.927.773.195
54	510.000.000	941.601.180	— 431.601.180	136.232.013	19.064.005.208

Le tableau ci-dessus montre la marche de la capitalisation. Le régime constant sera atteint au bout de 54 *ans*. Il ne le sera, en réalité, que lorsque le dernier survivant du groupe de retraités âgés de 20 ans aura disparu. L'état permanent n'existera donc que vers la 80ᵉ année.

Cette donnée du problème n'aggrave pas nos prévisions de dépenses, qui restent exactement les mêmes. Elle est de nature, au contraire, à augmenter les ressources de la caisse, et si nous ne l'avions volontairement négligée les dépenses annuelles auraient été moindres, puisqu'elles auraient été réparties sur 40 ans et non 15, et les sommes à capitaliser chaque année, plus considérables et d'une plus longue durée de capitalisation (80 ans au lieu de 54). De là, une accumulation d'intérêts très importante, qui permettrait, dès l'établissement de la période normale, c'est-à-dire au bout de 54 ans, et grâce à l'excédent d'intérêt de plus de 136 millions, qui apparaît dès cette époque, de majorer de 30 % les pensions de retraites. Quoi qu'il en soit, en restant dans les limites du problème, il sera alloué chaque année à partir de ce moment :

143 millions à 2.860.000 personnes sans fortune ;

15 millions à 300.000 invalides ;

94 millions pour 94.000 décès ;

689 millions à 2.180.000 retraités.

Au total.... 941 millions.

Pendant la période de formation, il aura été distribué plus de 26 milliards, et il aura été accumulé, pendant le même temps, au taux de 3 %, plus de 15 milliards.

*
* *

En terminant, nous tenons essentiellement à faire observer que les évaluations que nous donnons ci-dessus des conséquences financières de notre proposition de loi reposent forcément sur des probabilités, car nous n'avons pu trouver nulle part de bases statistiques suffisamment précises pour asseoir nos calculs, qu'il se soit agi de la détermination du montant de retraites proportionnelles ou de l'importance des charges que la caisse aura à supporter du fait du § 4 de l'article 1er.

La Direction de la Prévoyance sociale, par nous consultée, nous a déclaré que « la répartition des bénéficiaires, selon l'importance de leurs revenus familiaux est inconnue et qu'il n'est pas possible en l'état de la déterminer, même approximativement, faute de données statistiques ». Nous le savions déjà et c'est en l'absence, d'ailleurs, de documents officiels que nous avions, préalablement à notre demande de renseignements à ce service, procédé nous-même à une enquête (tableau 12). Nous aurions voulu la contrôler.

Les résultats de cette enquête sont certainement au-dessous de la vérité, car il n'est pas exagéré d'admettre que sur 100 personnes âgées de plus de soixante ans, 20 seulement aient un revenu supérieur à 1.000 francs.

Au surplus, et cette observation est d'une portée absolument générale, applicable à tout notre travail, nous avons pris *pour règle absolue*, nous l'avons fait remarquer maintes fois, d'établir le bilan financier de notre proposition, en réduisant toujours *au minimum* le chiffre des recettes, tandis que le *chiffre des dépenses* était volontairement toujours *exagéré*.

Imp. Lith. Ant. God, 48, rue Paradis, Marseille. — 1428

www.ingramcontent.com/pod-product-compliance
Lightning Source LLC
Chambersburg PA
CBHW062021200326
41519CB00017B/4874